MW01122693

VITA
DA GIORNALISTA

di Piero Baroni

Non per ambizione,non per vanità, non per interesse.
Solo per avventura.

PROLOGO

Cosa vuole da me?
La domanda saettò come una freccia. Il destinatario rimase per alcuni secondi come interdetto, sembrava annaspasse. Poi mormorò:

-Che scriva la mia storia … mi hanno detto che è bravino …

- Lasci perdere le sviolinate e sia serio. Chi l'ha indirizzata da me?

- Non ha importanza …

- Ne ha e come, se non vuole che la butti fuori a calci. Non mi trova in uno stato d'animo adatto .

-Beh, non se la prenda. La mia richiesta è seria. Mi dica quanto vuole.

-Non voglio niente, solo che se ne vada.

-Aspetti … Scriva la mia storia. Io gliela racconto così come mi viene in mente e poi lei mette tutto in ordine. Ho letto qualcosa che lei ha scritto e mi ha convinto.

-Cosa ha letto?

-Ad esempio …" Un bisbiglio discreto", così almeno mi pare.

-Ah!

-Vorrei qualcosa di simile.

-Che storia mi vuole raccontare?

-La mia.

-Che storia è?

-Quella di un giornalista.

-Giornalista? Dice davvero?

-Si, una storia cominciata trent'anni fa.

-E adesso cosa fa?

-Io …? Niente. Il pensionato …

- Nient'altro?

-No … mi hanno dato sei mesi di vita …

-Cosa?

-Si. Più o meno.

-Sicuro?

-Nessun dubbio. Ecco..

- … ecco perché lei vuole raccontare la sua storia. Una specie di testamento?

-No, non sono importante. Sono nessuno …

-Non si sottovaluti … ha avuto il coraggio di affrontarmi , la sto ascoltando …

-Posso cominciare? Lei può anche registrare, se lo preferisce.

- No … vediamo se ne vale la pena.

ESORDIO

Comincio. Oggi compio settantasette anni. I primi sintomi del giornalismo li ho avuti quando frequentavo la seconda o terza media. Facevo un giornaletto della terza B. Lo scrivevo a stampatello, su due o tre fogli formato a quattro, mi disse il cartolaio, non ho mai saputo perché, ma i fogli andavano bene. Piccole storie di quello che accadeva a scuola. Interrogazioni, compiti in classe, discussioni e litigi, battute sulle ragazze, quattro-- cinque in classe, mista ovviamente. Una aveva due tette niente male e polarizzava l'attenzione. Ne è passato di tempo!

-Poi, che è successo?

-Ho lasciato la scuola dopo la terza istituto tecnico commerciale. Dove abitava la mia famiglia c'era solo quel tipo di scuola e, se non ricordo male, un liceo classico privato, frequentato da setto o otto ragazzi.

All'epoca giocavo a pallone, calcio. Allievi dell'Atalanta, torneo di Lega giovanile, mi dicevano che ci sapevo fare, ma mia madre mi osteggiava. Era sola, mio padre se ne era andato con un'altra donna, in Portogallo prima e in Brasile poi, e mia madre, tedesca di nascita e di mentalità era come una belva ferita. Lasciamo stare questa faccenda, non mi va di ricordare.

-E' tanto brutta?

-Insomma …

-Vada avanti, se se la sente.

-Si, grazie. Ci trasferimmo a Bergamo, in un appartamento grande , mio padre era tornato e con la moglie, allora non c'era il divorzio, faceva finta di andare d'accordo. Poi ipotecarono la villa e si dice che lui avesse falsificato la firma della moglie, ma le banche, si sa, non guardano tanto per il sottile. Alla fine si perdette la villa, mio padre se ne tornò all'estero e non lo vidi che rarissimamente, quando per i suoi interessi si faceva vivo. Passarono degli anni. Io, intanto, me ne ero andato per i fatti miei, mi ero diplomato e avevo frequentato, all'università di Urbino la Scuola superiore di giornalismo,voluta dall'Ateneo e dalla Federazione Nazionale della Stampa italiana, ottenendo un diploma di <edotto> in materie

giornalistiche e di cultura tecnico professionale, un primo passo
verso la professione. Avevo sostenuto parecchi esami: Storia delle
dottrine morali e delle dottrine politiche, Diritto privato, Diritto
Pubblico, la Legge sulla stampa, Letteratura italiana, Estetica,
Psicologia dell'Opinione pubblica, Filosofia, Storia, Storia del
Giornalismo, Storia del Cinema, Storia del Teatro e altro che ora non
ricordo. Eppure possiedo ancora da qualche parte, tra le molte carte
accumulate nei decenni e che dovrei prendere e bruciare, l'originale
del titolo acquisito, compreso quello ufficiale della Scuola di Stato,
che mi qualifica formalmente. Dimenticavo: Ho sostenuto anche
l'esame di stato: Scritto e orale, davanti a una Commissione prevista
dalle normative di legge, commissione presieduta da un magistrato
di Corte d'Assise, e che abilitava a l'esercizio della professione e
al'inscrizione all'Alba dei Giornalisti. Eravamo nel 1972. Ottobre
per l'esattezza. Al'epoca lavoravo per il "Secolo d'Italia" e di fatto
ero capo servizio Esteri. Dovetti poi fare causa alla proprietà e ne
uscii vincitore, ma lasciai quel quotidiano e affrontai un periodo di
incertezza e di disoccupazione per approdare, infine, alla RAI, Radio
Televisione Italiana, precisamente G.R.1 . La redazione era al
Babuino, nel palazzo che in precedenza era stato l' Hotel di Russia,
proprio allo sbocco di via del Babuino, a poche decine di metri dalla
porta del Popolo.
- Ha tagliato corto, saltando molti passaggi … -Vuole nascondere
qualcosa?
- Nemmeno per sogno! L'ho fatto per arrivare al dunque.
- Che intende dire?
- Intendo dire che alcune delle proposte concrete avanzate alla
direzione del giornale radio, non furono nemmeno prese in
considerazione al livello di ascolto. Quello che interessava era
soltanto l' acquiescenza piatta alle esigenze dei politici, dei partiti,
dei personaggi che di fatto controllavano tutto, notizie, informazioni,
commenti, utilizzo del personale. Era la lottizzazione, l'occupazione
totale del mezzo radiotelevisivo. Non credo che oggi vi siano molte
differenze ad allora. Tutt'al più sono cambiati i controllori, ma la
sostanza è sempre la medesima. Dominava la censura preventiva.
- Se vuole dico che ho scritto e pubblicato numerosi libri. Mi
interessa la storia della seconda guerra mondiale e in particolare i

retroscena italiani e le molte porcherie che sono state fatte per arrivare alla disfatta. Uno schifo. La storia e stata inquinata, mistificata, falsificata ... La malafede dilagava e ancora oggi si nega la verità di quanto accade soprattutto tra il 1935 in avanti.

Che quanto ebbi ad affrontare e a documentare sovente con testimonianze in voce delle fonti, suscitasse fastidio, forse anche invidia e malanimo nei miei confronti, ne ebbi prova, ma lasciai scivolare il tutto come acqua sui vetri, applicandomi ad un inconscio conteggio alla rovescia, camminando verso i sessantacinque anni e all'ingresso della pensione. Altro non vi era all' orizzonte se non la stesura di libri di argomento storico – militare e ne feci ragione di vita. Le recensioni, come documenterò, mi confrontarono.

Si ebbero poi periodi oscuri, durante i quali la capacità analitica e la razionalità investigativa subirono disfatte terrificanti. Ad esempio, quando si prospettò l'esigenza di uno studio approfondito dei tragici errori di politica estera ed economica al livello planetario commessi dalle amministrazioni statunitensi(Medio Oriente e Africa, sopratutto). Errori che tuttora penalizzano profondamente e costituiscono focolai di tensione e di violenza, con un corredo di ricatti che a loro volta ne generano altri a catena.

Il giornalismo inteso come studio constante dell' evoluzione sociale-economica e culturale delle varie società, con l'aiuto poderoso dello studio costante e avulso da ogni coinvolgimento, non ebbe alcuna attenzione, venne giudicato espressione di illusione e di prosopopea, dimenticando che solo da analisi di quella tipologia e possibile estrarre i canoni degli sviluppi e i criteri operativi. Inoltre, si era suggerita la ricostruzione della scaletta degli eventi, intimamente correlati e strettamente interdipendenti : che avevano costruito il percorso della politica internazionale, direttrice tuttora in essere.

Fummo isolati e allora io scelsi il campo che più mi si addiceva: questioni di sicurezza militare, grande criminalità e affini; traffico di armi, di droga, di persone, riciclaggio, eccetera, problemi per i quali avevo una rete di fonti mia personale, grazie anche a mia moglie, Fanny, che lavorava autonomamente e non ufficialmente in quei vari campi come "osservatrice" e, di fatto, "investigatrice ombra".

Nessuno poteva accedere a quelle informazioni come potevo farlo io e nessuno si permise più- da quel momento- di mettere il naso in quanto facevo e seguivo.

Mi ero creata una solida reputazione e potevo, se opportuno, capisca cosa sottintendo, anticipare determinate notizie, anche depistanti, se utile. Si iniziò cosi l'ultima, intensa, coinvolgente fase della mia attività di inviato speciale. Inutile qui dettagliare le vicende ed elencare, ad esempio, alcune delle operazioni condotte: chi vorrà saperne di più dovrà avere la pazienza di leggersi le quattrocentocinquanta pagine di "Clandestino in RAI", senza snobbare le "Appendici", centocinquanta pagini di documenti, il tutto edizioni Settimo Sigillo", Roma 2003. Un testo zeppo di informazioni criptate, ma da cui e possibile trarre un quadro altamente eloquente in cui poi inserire altro, di cui si dirà nel seguito delle presenti pagine, ultimo impegno di chi le sta parlando. No fu facile tenere botta in un ambiente arido, in una situazione oggettiva dove il lavoro e la ricerca si segnalavano in modo particolare.

In una atmosfera priva di riscontri, di verità, di stimoli. La registrazione e la religione del niente. L'apparato era freddo, gelido, unicamente finalizzato all'interesse individuale e possibilmente con una certa quota di lucro, speculando- è solo un esempio- sulle note di viaggio. La suddivisione in fasce di lavoro favoriva le infiltrazioni di sostanzialmente nullafacenti, esperti con giocare con gli incarichi, nella suddivisione dei compiti e nell'assegnazione dei servizi esterni, preferibilmente i più semplici e al tempo stesso i più rimbombanti quanto al rimbalzo di notorietà, diffusione nelle varie edizioni, e non ultimo, la garanzia di avere l'eco della pubblicità e il possibile ripetersi dell'occasione. Il tutto si riduceva a un breve capello introduttivo dell'argomento seguito dall'intervista su cui faceva perno il servizio stesso e l'apprezzamento formale, si intende, ma non per questo meno rilevante, del direttore o del vice in scaletta e, non ultimo, il percorso, a senso unico, con precedenza, con un incontro ulteriore con il personaggio e la premessa ad altre occasioni.

Ne seguiva una specie di ipoteca sull'argomento e sul personaggio. Avere intervistato X o Y equivaleva a costituire una specie di diritto di precedenza, una sorta di privilegio.

IL GIORNALISTA

Una definizione e una classificazione non semplici. Non basta avere fatto il praticantato e, ammesso che vi si giunga, dopo il praticantato, superato l'esame di Stato e quindi essere inscritti all'Ordine, per meritare la qualifica di giornalista. Sono necessari, addirittura indispensabili, ben altri requisiti, che sarebbero dovuti emergere durante il praticantato e nella vita di redazione e, ove possibile, di tipografia, anche se oggi la tecnologia ha soppiantato quest'ultima.

Ricchezza di vocabolario, alimentata da molta lettura di testi validi, conoscenza della Storia e della Geografia e molto, molto altro, che non le sto a elencare.

Il giornalista, quindi, suo malgrado, se si vuole, diventa parte degli eventi, in quanto nello sviluppo dei fatti, sovente nel corso di inchieste complesse, egli stesso diviene elemento di stimolo e di curiosità, essendo assalito da domande, colpi anche duri di fronte alla verità nascosta da manipolazioni, sofisticate tesi a nascondere, travisare, inquinare e dissolvere i fatti veri, trasformandoli in negazioni assolute. A me è accaduto, numerose volte affrontando ricerche documentali lunghe, sovente snervanti, ma alla fine coronate da successo, ad esempio con le vicende dei velivoli da caccia progettati e realizzati dal Gruppo Caproni, mi riferisco, ad esempio al Reggiane, Re. 2000, per nulla inferiore al Caccia Hurricane della RAF se non per l'armamento(due mitragliatrici contro le otto armi dell'avversario, ma quest'aspetto come la decisione di non tenere l'aereo in alcuna considerazione, fa parte dei limiti intellettuali e professionali dello Stato Maggiore della Regia Aeronautica e delle correlate drammatiche responsabilità ignorate dagli storici di "regime repubblicano"). Una questione, raggelante, trattata ampiamente in altri lavori ("I condottieri della disfatta").

Le Ricerche per portare alla luce i retroscena della disfatta militare nella seconda guerra mondiale e per denunciare le porcherie confezionate da alti gradi e industrie, hanno richiesto tempo, pazienza e autofinanziamenti. Ma con questo non si accampano meriti o altro. E' stata una scelta e la si è affrontata con discernimento e coerenza. I testi sono li, a disposizione di chi intende vederci chiaro.

Criteri analoghi, sia pure rapportati alle vicende della cronaca, si sono sempre applicati. Spesso si è incappati nelle riserve della direzione o dei responsabili(chiamiamoli pure cosi) della confezione delle varie edizioni del Giornale Radio della RAI, che suggerivano(?) di "non parlare" di certi aspetti delle vicende "per non spaventare" la gente. Cosi mi fu risposto telefonicamente dall' Italia, (telefonavo dall' Olanda ambienti NATO), circa notizie avute da fonti autorevoli in merito alla questione delle armi chimiche, possibili mezzi offensivi di Saddam Hussein in vista dell' ormai innegabile marcia verso il conflitto in Kuwait. Si era nell'agosto 1991. Poi accadde che effettivamente le truppe di Saddam impiegarono gli aggressivi chimici contro reparti britannici. Le conseguenze affiorarono mesi dopo il conflitto. Sulla stampa del Regno Unito , si narrava di nascite di bambini deformi e altri particolari orribili, ma fulmineamente la notizia evaporò, non si udì più parlare e i tentativi di sfondare il muro del silenzio e denunciare il fatto si rivelarono sterili, se non addirittura auto lesivi. Secondo me e una questione sempre aperta.

Poi viene il tempo degli attaché militari. Avevo scritto un libro sulla NATO e sulla evoluzione dell' Alleanza atlantica del dopo guerra fredda, a seguito del dissolvimento dell' Impero Sovietico e del patto di Varsavia. Alla presentazione del libro al circolo del tennis di Roma, prese parte un folto nucleo di alti Ufficiali della Marina Militare, numerosi addetti militari accreditati a Roma(tra cui i cinesi, i sovietici e altri) molto pubblico e numerosi osservatori non proprio neutrali. Il libro usciva in doppia edizione, in lingua italiana e in lingua inglese e con "la benedizione" della Marina Militare e del Comando NATO del Sud Europa.

L' occasione consentì di conoscere e conversare con gli addetti militari cinese e russo e avviare un rapporto durato parecchio, con incontri in ambasciata e ambienti prescelti dagli addetti medesimi(al russo piaceva molto Trastevere; al cinese una saletta riservata della sua ambasciata dove degustavamo the e chiacchiere). Fanny era sempre presente con i cinesi, mentre il russo aveva fatto intervenire la moglie per occuparsi della mia consorte. Così si venne a sapere che l'addetto militare russo aveva un figlio in una accademia a Mosca. "Un ostaggio", sentenziò Fanny con la sua solita fermezza. Anche la Cina utilizzò la tattica delle moglie, ma non ebbe successo: Fanny era più abile e furba anche di me".

C'era stato un precedente, ma di tutt'altro spessore e significato. Il rapporto amichevole con il colonnello Zeira, addetto militare israeliano a Roma.

Ne ho fatto cenno in uno dei miei primi lavori.: "La carrozza d'oro".

RICORDO

Accadde molti anni fa. Nel mio peregrinare alla ricerca di documenti e monumenti in memoria di eventi storici e bellici, mi ritrovai a Redipuglia.

L'imponente scalinata del dolore e del valore mi ha sempre colpito e commosso, ma quella volta esitai, e proseguii lungo la statale per Udine (così diceva la guida ai Musei della Grande Guerra). Poco meno di un chilometro più avanti, nel territorio del comune di Fogliano, si sfiora un cimitero austro-ungarico in cui sono sepolti 2550 militari noti e 12.000 sconosciuti, o ignoti. Non mi ero mai soffermato per visitare quel luogo. E non per disprezzo o altro, ma solo per fretta. All'epoca viaggiavo per affari nelle tre Venezie. Quella volta invece mi obbligai a sostare. Dopo aver parcheggiato, scesi dalla vettura, attraversai la strada e mi accostai al cimitero di guerra dell'ex nemico. Il mio obiettivo era il Museo all'aperto del San Michele, ma quella sosta mi riservò una grande sorpresa e momenti di profonda riflessione. Infatti, non appena varcato l'ingresso mi si presentò uno scenario inatteso. Non croci, ma piccole lapidi bianche quasi a coprire il volto dei morti, una specie di velo a distesa d'occhio a indicare le tombe, qualcosa di impressionante, data l'ora vespertina e il silenzio. Il rumore del traffico, in realtà non intenso, era assorbito dal muro di cinta e dal vuoto che lo catturava sperdendolo in profondità, quasi a echeggiare il rombo delle battaglie che furono furibonde in quel settore del fronte, dominato più oltre dal Calvario e dal Sabotino, con la lunga profonda incisione, dell'Isonzo.

M i parve di essere l'unico in quel cimitero, ma sbagliavo. Con un rapido giro d'orizzonte scorsi sulla mia sinistra, un altro visitatore. Un uomo anziano, con lunghi <testimoni> a racchiudere un volto severo, dallo sguardo fisso e con le braccia lungo i fianchi, che, ritto, quasi sull'attenti, mormorava qualcosa che non potei udire, ma forse era una preghiera.

Istintivamente mi ritrassi, per non turbare quel momento. Mi allontanai cercando di non far rumore, rispettando il raccoglimento di quel visitatore solitario, come me e come me compreso, ne fui sicuro, del significato di quelle tombe, al di là dell'esito della guerra, delle sue conseguenze, delle sue motivazioni. Non confusi i sentimenti con la fede che mi animava e mi anima, ma mi resi conto che quell'uomo forse un reduce o il congiunto di uno dei militari colà sepolti, non faceva sfoggio di faziosità o rimpianto, ma solo di rispetto e sicuramente di compartecipazione nei riguardi di uno o di tutti quei morti.

Ripresi il mio cammino, ma confesso che ogni tanto, mi ritrovo a rivedere nella mente quella figura e quella tomba, e le piccole lapidi convesse che sfioravano la nera terra e mi parevano volti umani.

ZEIRA

Il Colonnello Zeira mi invitò ad accomodarmi di fronte ad un lungo tavolo e davanti a me aprì un bloc-notes formato A-4 con fogli a righe.

" Scrivi qui, disse poi, porgendomi una stilografica di gran classe – nome cognome , indirizzo e numero telefonico.

Quando ebbi terminato riavvitò tranquillamente il cappuccio della stilografica, richiuse la copertina del blocco e sorridendo mi disse: ho terminata la mia missione in Italia, torno a casa. Ci vediamo al rinfresco, con Fanny ,naturalmente.

Si concluse così il lungo periodo di collaborazione amichevole con Zeira. Unica informazione che gli avevo dato, furono le fotografie di unità navali costruite in Italia e cedute alla Libia. Foto riprese dall'alto che consentivano un'analisi approfondita delle antenne e degli angoli di tiro. Niente più. Foto che avevo da tempo a seguito dei miei rapporti con i cantieri dove si allestivano dette unità.

Non fummo sorpresi, Fanny e io, nel constatare durante il cocktail, di essere gli unici giornalisti presenti, mentre nessuno degli addetti militari accreditati a Roma era assente. Il Colonnello Zeira aveva così dimostrato di quale entità fosse la sua reputazione nell'ambiente …

Trascorsero alcuni mesi, le nostre visite all'ambasciata non ebbero seguito. Vi furono solo alcune telefonate, di semplice cordialità – ritenemmo - di una funzionaria a Fanny. Avevano simpatizzato, ma nulla più.

Un particolare suscitò in noi due una certa curiosità: il commento di un <collega> al giornale. Casuale, ritenemmo, ma forse più rilevante che non l' apparenza. Tale collega, uomo che faceva parte dell'entourage di un politico di qualche spessore, non poteva essere diversamente, stante il divampare della lottizzazione, disse un giorno nell'ambito di conversazioni casuali delle quale non ero parte …"Baroni … che fa troppe visite all'ambasciata israeliana …" ma il tutto si perdette nel mormorio globale. Ma al sottoscritto non sfuggì. All'epoca avevo un udito più sofisticato di un radar. Fanny, un'analista con i controfiocchi(!), osservò "Ti tengono sotto controllo coni Servizi". Non era una novità, risposi, ma non si ebbero seguiti.

Trascorse altro tempo, poi una mattina, ero casualmente al giornale, redazione a via Milano, laterale di Via Nazionale , il centralino mi disse che vi era una chiamata telefonica per me. Risposi un po' sorpreso.

-Sono un amico del colonnello, disse chi era all'altro capo del telefono.

L'appuntamento era in un ristorante nelle vicinanze di Monte Mario. Si presentò con molto garbo:- Sono Moshe Azon , disse sorridendo, mostrandomi il foglio a righe dove avevo scritto i miei dati.

Senza porre tempo in mezzo soggiunse- Vogliamo la testa di un missile …

Tornai immediatamente a casa e senza dire alcunché presi il libro dal titolo "La carrozza d'oro" e lo sfogliai sino a trovare il testo opportuno. Al Colonnello, vidi che avevo fornito le fotografie delle corvette cedute a Gheddafi, con gli angoli di tiro, i particolari delle antenne, i dati radar e delle ECM. Ora volevano il cuore del sistema di combattimento.

-"Ci vediamo tra un mese"- aveva setto Moshe salutandomi- In caso di necessità telefoni a questo numero di Parigi e dica solo : "le analisi sono pronte. Il medico è pessimista …"

Non si era fatto più sentire, né io lo cercai. Un giorno mentre ero a Piazza Risorgimento con Fanny, in attesa di salire sull'autobus che ci avrebbe condotti a casa, vidi il colonnello, seduto su una panchina vicino al capolinea del bus. Faceva freddo, cosa rara a Roma.

Ci avvicinammo e senza porre convenevoli in mezzo, dopo un'occhiata reciproca che serviva da riconoscimento, chiesi:" -Che fine ha fatto Moshe?".

"Chi?" rispose il colonnello, sorridendo come se fossimo due vecchi amici che si erano incontrati casualmente.

-Lo avranno ammazzato, proseguì e soggiunse: vado in un altro continente, disse infine, senza lasciarmi il tempo di replicare qualcosa.

Era cambiato. Pareva un altro. Alcuni giorni più tardi rientrando il portiere mi consegnò un pacchettino. Quando lo aprii vidi che conteneva soltanto un sacchetto di cuoio vuoto. Dentro, un bigliettino bianco con scritto: "Non riempirlo di speranze", firmato Moshe.

Non fu facile ammettere che il colonnello non gli aveva mentito. Moshe svanì così. Aveva sempre avuto un atteggiamento di massima correttezza. Le poche volte che aveva frequentato casa mia, si era sempre portato con grande signorilità: portava un omaggio floreale a Fanny che lo ricambiava con affettuosa cordialità e lui le rivolgeva un saluto in ebraico, in segno di rispetto e ammirazione. Fanny pur non conoscendo la lingua dei suoi avi, ne percepiva il significato. Rimase fredda come ghiaccio quando fui costretto a riferirle il breve dialogo con il colonnello che lei non aveva potuto udire essendosi leggermente allontanata, mentre io mi avvicinavo alla panchina ove il nostro amico sedeva, rannicchiato come un barbone.

Più avanti, mentre tentavo di cancellare le immagini di Moshe, ricordai che tempo addietro avevo letto distrattamente una notizia: sul TEE, "Il Trans Europe Express" (che faceva servizio da Zurigo ad Amsterdam e che molte volte aveva preso nel tempo in cui <lavoravo> nella Confederazione, e avevo base a Bienne), era stato rinvenuto il cadavere di uomo, non identificato. Notizia che non ebbe seguito ...

Pensai a Moshe e a quanto aveva detto con totale distacco il colonnello Zeira. Ebbi la sensazione che vi fosse un nesso.

Mi concentrai nella stesura dei miei libri di storia-militare e nell'attività di inviato speciale del Giornale Radio della RAI.

Mi mancava qualcosa. Avevo subito una perdita dolorosa. Mi chiesi se non stavo esagerando. In fondo non avevo alcun rapporto se non una conoscenza casuale con Moshe e con Zeira. Tuttavia si era creato qualcosa di diverso, probabilmente una compartecipazione psicologica nel momento di un conflitto sanguinoso nel quale anche la minima informazione o addirittura un indizio percepito istintivamente, potevano avere u ruolo non marginale.

Allora mi tornò alla mente un incontro che avevo avuto con Moshe, a Roma. Dove? Nella Hall dell'albergo che sta a fianco, a piazza

Barberini, del cinema di cui non ricordavo il nome e che non cercai di reperire. Eravamo seduti in un separè formato da pareti di solida plastica che fornivano qualche protezione e isolamento. Quando nel medesimo luogo tentarono di entrare due clienti dell'albergo, ricordo che Moshe li guardò e questi compresero e se ne andarono. E lui proseguì nell'elencare quello che avrebbe avuto piacere che io gli fornissi dopo una certa visita che mi accingevo a fare in una industria militare nei pressi di La Spezia.

Dettagli di un rapporto durato pochi mesi. Un altro ricordo mi sovvenne: Non mi curavo molto di quanto lasciavo nella mia automobile quando sostavo e mi muovevo a piedi e Moshe mi rimproverò pacatamente: Lasciavo, sul sedile posteriore, brochures, depliants, buste a sacchetto con fotografie di navi, velivoli, sistemi d'arma. Qualche volta pubblicazioni riassuntive, cataloghi di quanto era esposto in mostre di un certo respiro (Parigi, etc.) Per me erano soltanto quello che parevano …

Sono trascorsi molti, molti anni, ma recentemente sono affiorate dalla memoria, tracce di una vicenda particolare legata ad una formula chimica riguardante la fabbricazione di un carburante sintetico.

Un certo giorno, non posso meglio precisare luogo, tempo e altro, fui avvicinato da un tizio che mi disse che ai miei amici avrebbe fatto piacere disporre di una certa formula.

Non chiesi nulla. Il tale mi disse che in una scuola statale nelle vicinanze di Piazzale Clodio, avrei dovuto parlare con un bidello che vi faceva servizio . Non avrei buttato via il mio tempo.
Perecepii un rischio, meglio, una trappola e allora chiesi un colloquio a un colonnello dei Carabinieri, amico mio. Gli esposi la situazione e l'ufficiale mi suggerì di aderire alla richiesta. Andai alla scuola che ricordo benissimo dove si trova, e presi contatto con il bidello con le dovute cautele. Non avevo microfoni addosso, ma solo la mia memoria fotografica e uditiva. Venni così informato che per una certa cifra, non specificata, la formula poteva essere acquisita, dapprima in forma utile solo ad una prova per autenticarne la validità, in secondo tempo in forma esaustiva per l'utilizzo industriale. Riferito il tutto, mi fu ordinato di proseguire il contatto: consegnai la somma e ricevetti una plico sigillato a quel punto mi fu

detto di starmene tranquillo. "Si faccia da parte dottore, mi disse l'ufficiale dell'Arma, subentriamo noi; lei non ha nulla da rimproverarsi .Ha collaborato efficacemente. Se qualcuno di quelli si fa vivo, telefoni al solito numero e dica soltanto, "ci hanno riprovato".

Nessun seguito e nessuna informazione di come finì quella faccenda. Roba da film di spionaggio,ma non ne feci parola, neppure con Fanny: l'avrei esposta scioccamente e Lei non lo meritava. Per me era una DEA!

Era quello il periodo dei contatti diplomatici e indubbiamente i più pericolosi: il rischio consisteva nel cadere nella trappola del reclutamento involontario.

Una frase del comandante Pan mi rimase impressa a fuoco nella mente: Il riferimento fu la questione di Taiwan, questione sempre aperta per Pechino: "Noi, soggiunse il comandante, siamo il paese della pazienza".

Quando gli feci notare che una notizia di poche righe, apparsa sul tradizionale colonnino delle <Brevi dal mondo> specificava che una fonte ufficiale di Mosca ammetteva e implicitamente confermava che settantamila russi avevano combattuto in Vietnam contro gli americani, il comandante Pan disse con estrema naturalezza: "C'eravamo anche noi, e poi disse,Vorremmo che fossi tu il corrispondente della Rai da Pechino".

Non mi fu dato sapere se quella indiscrezione e quell'esplicito apprezzamento,siano stati seguiti da passi ufficiosi o ufficiali, ma non avevo dubbi in merito all'impraticabilità di quel disegno. Sapevamo entrambi quali fossero le idee che ci ispiravano e le medesime idee rimasero fuori del terreno di <confronto>. Senza alcuna protesta e presa di distanza. Eravamo, come pure con l'ex sovietico Wladimiro, persone asettiche che discettavano di filosofia politica e oggettive vicende di storia contemporanea, mantenendo il massimo scrupoloso riserbo su quanto potesse essere inteso come ammissione. Tutt'al più ci si spingeva un poco più in là, nel terreno ancora indefinibile di un probabile , ma forse impossibile futuro.

Che in effetti in quei dialoghi vi fossero delle costruzioni idonee a captare indizi o tracce di pianificazioni in essere, non lo si può ne lo si deve escludere, ma resta il fatto che nessuno dei due, nonostante l' impegno riuscì a costruire una effettiva immagine dei disegni che si proiettavano sullo sfondo di una realtà concreta.

Anche se nessun osservatore politico o esperto di politica estera,lo abbia mai dichiarato o conclamato,quello fu un periodo di un tipo particolare di guerra: guerra psicologica mi azzardo a dire, con momenti di autentico conflitto armato. Non caso si ebbe la prima guerra del Golfo e poco dopo quella contro Milosevic, con le appendici di Somalia, Eritrea/Etiopia,Balcani e via dicendo. Personalmente tentati di fare il meglio possibile.

Che si può dire ancora di quel periodo? L'attività al GR/RAI era la solita, molte missioni esterne, Europa, in primo luogo e traffico di persone, di droga, riciclaggio, e simili , tanto per non perdere le belle abitudini e servizi speciali. Ecco! Quella fu una fase sotto certi aspetti interessante. Un lavoro extra, se vogliamo, un di più offerto generosamente alla RAI. Gli speciali (fatti con mie informazioni e mie interviste e mia voce) andavano in onda subito dopo la fine del Giornale Radio delle ore 08.00. Durata dai quindici ai trenta minuti. Argomenti. Dei più vari: riaprire o non riaprire le case di tolleranza, con interviste a <quelle signore> in vari siti della capitale, compreso il Grande Raccordo Anulare; Esperienze vissute in Kurdistan con i pattugliamenti effettuati con i carabinieri paracadutisti del <Tuscania> sulla via di Aleppo, in zone con ampi campi minati, dove i rarissimi villaggi erano cintati con tripla barriera di filo spinato e dove le squadre speciali di Saddam avevano effettuato colpi per catturare i giovani renitenti al servizio militare; interviste alla gente di Leningrado, ora San Pietroburgo; Chernobyl; abbattimento del G222 in Bosnia; finanziamento pubblico ai partiti …

Mi pare corretto precisare quanto segue: vita di giornalista è soltanto un percorso non rettilineo, ma esclusivamente un andamento istintivo attraverso trent'anni di giornalismo, così come affiora nella memoria, sensazioni e lampi brevi anche se chiarissimi, schegge di fatti, avvenimenti, episodi. Una visione meno approssimativa e più razionale la si ha nelle seicento e oltre pagine di "Clandestino in RAI Giornalista senza d.o.c."(Settimo Sigillo, Roma,2003).

Mi sono ripromesso, e difficilmente manco di parola con me stesso, che queste pagine saranno le ultime che scriverò. Per questo, come si deve fare, è il momento giusto non solo di raccontare come si sta facendo,ma anche di trarre un bilancio sintetico di quello che si è combinato e che si lascia, ammesso che sia lecito usare una terminologia del genere.

Che cosa ho pubblicato con i tre editori(più alcuni occasionali) che hanno avuto il coraggio di darmi retta (Edizioni Settimo Sigillo-Roma nella persona di Enzo Cipriano; Greco & Greco Editori (Milano), nelle persone del signor Greco e della Signora Maria Teresa, Macchione Editore, Varese, nella persona del Signor Pietro Macchione; e con la solitaria presenza di Mondadori *)?

Ecco l'elenco alla rinfusa:

"La fabbrica della sconfitta";" Una patria venduta"; "La guerra psicologica"; "Obiettivo Mediterraneo";" Nato:il futuro" (anche in edizione in lingua inglese); "Andreotti e l'estero"; "Operazione anemone"(*); "La carrozza d'oro";" Nuovo modello di difesa, fine di un Esercito?"; " Il segreto del pellicano blu"; "Generali nella polvere"; "8 Settembre 1943, il tradimento!"; "I Condottieri della disfatta"; "Assassinio nelle fortezze dell'imperatore"; " Generali nella polvere" (nuova edizione, ampliata); "Il Principe con le Ali, Fulco Ruffo di Calabria"; "La vittoria tradita"; "Bombardieri Caproni, le Ali della vittoria"; " La guerra dei radar"; "Clandestino in Rai, Giornalista senza d.o.c.".

In seguito, ho deciso di lasciare l'editoria italiana e ho pubblicato tramite Amazon:

" Shalom Fanny- Inviata in prima linea contro i clandestini"; "Come e perché si perde una guerra"; "I due Mussolini- Condottiero e Uomo di Governo "(con Marco Baroni);"Il Massacro di Matapan"; "Laura C., storia di una nave"; "Spigolature di guerra: la verità dietro lo scenario";"Un bisbiglìo discreto, tra vero e surreale"; "Gli Eroi di Bligny"; "Quelli della 'Uno Bianca'";" La fabbrica della sconfitta" (nuova edizione ampliata).

I CLANDESTINI

Quello fu il periodo più acuto del contrasto all'immigrazione clandestina.

Le missioni si succedevano con un ritmo addirittura frenetico e così gli imbarchi a Brindisi,a Otranto. Fu anche il periodo nel quale il Comandante Sambo commise la sciocchezza di criticare il ministro della difesa Andreatta(lo definì esplicitamente <latitante>) per il suo disinteresse nei confronti delle Capitanerie di Porto e della loro oscura, ma fondamentale attività e questo durante un incontro con alcuni giornalisti, tra cui un perfetto imbecille del Corriere della Sera che sparò in prima pagina del quotidiano le critiche, causando l'immeditato sollevamento dall'incarico del Comandante (numero uno del Battaglione San Marco) cui era stato consigliato di essere cauto con certa stampa … con il pregiudizio della carriera …

Era anche il tempo della Cometa. La si vedeva a est, con una lunga coda, ma non troppo visibile.   Era come se la Cometa risalisse l'Adriatico e faceva compagnia mentre noi risalivamo il Salento in direzione della nostra base logistica. Uno di quei giorni, ricevetti una improvvisa e non preordinata telefonata sul mio cellulare. Proveniva dall'Albania e la voce che udii non appena vi fu il contatto vocale, disse le seguenti parole:"Piero … dì ai tuoi capi che …" Mai avrebbe dovuto usare quella formula, ma mi resi conto dell'emergenza. Immediatamente telefonai a chi di dovere e questi mi dissero: ti richiamo tra quindici minuti. Proseguii nel mio movimento, solo rallentando un poco la marcia. Guardavo ogni tanto la Cometa che proseguiva ignara, mentre le prime tenebre scendevano rendendola ancora più luminosa.

Il suono del telefonino mi colpì di soprassalto …< un elicottero di una nostra fregata poco al largo ha raccolto un gruppo che doveva assolutamente essere salvato …>

Non ci fu bisogno di chiarimenti. …<puoi usare l'informazione…>

Rallentai e cercai una piazzuola di sosta. Dopo le opportune verifiche e un colloquio con la Redazione, scrissi rapidamente un piccolo servizio, forse neppure cinquanta secondi e lo trasmisi alla sala di registrazione. Ne avrebbero fatto quello che volevano. Forse anche gettarlo nel cesso, come ero solito commentare. Evitai di disturbare il caposervizio che stava predisponendo il GR delle 19.00 Mi avrebbe fatto cadere le <cose> dall'alto …

In precedente occasione accadde che furono i … miei capi(?) a informarmi. La notizia riguardava l'esodo in massa degli albanesi, clandestini e non profughi. " … ti richiamo tra un quarto d'ora…" e così avvenne: la notizia fu confermata. Di fatto era cominciata dall'isola di Saseno la più imponente "operazione esodo" (quella delle bandiere bianche issate su scalcinate barche ex militari, sovietiche e cinesi; si era , questo lo ricordo bene, nei primi giorni del marzo 1997). Nella sola Brindisi ,in meno di un mese, sbarcarono oltre sedicimila albanesi e curdi. Inutile dilungarsi. Al GR/RAI unificato interessavano solo la politica, le opinioni e i commenti dei personaggi più in vista dei vari schieramenti e, si ebbe, poi, conferma indiretta, ma non meno attendibile, che all'interno della Redazione vi era chi cronometrava i tempi assegnati alla voce dei boss e sovente – dopo la fine dei vari giornali radio - ne seguivano,da parte delle segreterie degli interessati, telefonate di fuoco alla direzione generale della RAI per lamentare la scarsa attenzione e il prevalere di certi nomi su altri. I direttori di testata erano sulla graticola. Io, *vecchia volpe*, disse qualcuno, ero per mare, lontano da quel letamaio e mi auguravo che la motovedetta continuasse indefinitamente la sua rotta, con prora a est-sud-est, a diciotto/ venti nodi. Che bellezza!!

LE ISOLE

Vi sono cimiteri che hanno conservato l'alone di suggestione e misticismo, altri che lo hanno perduto, ma non per loro colpa o per mancanza di manutenzione e riguardo, ma per la posizione meno felice, meno lontana da quanto verificatosi negli anni seguiti alla fine della guerra: sfruttamento delle aree edificabili,nessun rispetto per i luoghi, speculazioni spasmodiche e senza alcun riguardo. Tra i meno aggrediti, vi è sicuramente quello di Orvieto. Contenuto nelle dimensioni, isolato quel tanto che serve per non subire influenze velenose del progresso caotico e disordinato di una società mancante assolutamente di senso autenticamente religioso, cioè a dire di rispetto istintivo per ciò che è sacro a prescindere dalle decisioni o qualificazioni di autorità superiori, non sempre di tale spessore intellettuale e morale da dover essere seguite ciecamente, sino a tramutarle in qualcosa di indefettibile. Isolato in una specie di isola naturale, collocato su un declivio collinare disegnato da cespugli rigogliosi e non massacrati dall'intervento umano, deleterio e aggressivo, accoglie il raro visitatore con delicatezza. Nulla di grossolano o volutamente imperioso. File di lapidi lungo una semicurva ellittica e sullo sfondo, su un gradino di collina naturale la croce bianca con la spada di bronzo, ma una croce proporzionata al luogo, alla misura del camposanto e all'inizio, poco dopo i pochi gradini dell'ingresso, la cappella con i sacri testi: il book dei visitatori e il libro dei nomi dei caduti. Pioveva e purtroppo la mia storica distrazione aveva collezionato un'altra perla. La dimenticanza di una penna biro e così unitamente alla mancanza di tale semplice strumento all'interno del <tabernacolo> non potei vergare con la firma e un sintetico saluto, la mia visita. Non mi ripromisi di tornare una seconda volta, ma portai con me sia le fotografie, sia l'immagine scolpita nella mente. Un cimitero di guerra che se mai fossi in grado di realizzare un reportage filmato sarebbe tra i prescelti o per un inizio che rasenti la commozione, o per un finale a profonde note di rimpianto.

Vita di giornalista? Un susseguirsi di attenzione, concentrazione, ricerca e riflessioni. Un'agenda del 1998, omaggio dell'Arma a un <carabiniere di complemento>, aiuta a ricostruire i movimenti di quell'anno, penultimo in ordine di tempo pieno dell'attività di inviato speciale. Notazioni frettolose, disordinate, quasi cifrate, dense di significato, con sfumature di una patina di nostalgia: fanno riaffiorare volti di persone con le quali si è collaborato, costruito i servizi, vissuto momenti irripetibili di lavoro, avvolti da avventura, da imprevisti, da situazioni persino irreali, come quando il radar individuò un bersaglio che muoveva lentamente e sul quale ci si diresse a lento moto. Trattavasi di un due alberi, che pendolava quasi con una certa spregiudicatezza. Fu inquadrato nelle fotoelettriche di due motovedette e solo il comandante potrebbe dire a quale scopo: forse un appuntamento non proprio galante? Probabilmente. Noi eravamo Capitaneria di Porto non Guardia di Finanza, che comunque era stata solertemente avvertita …

CRONACA

Gennaio 1998: Dal 2 al 9 del mese: Calabria, Curdi più Puglia. Sempre Gennaio: consegnato all'editore il dattiloscritto del giallo "Il pellicano blu", ancora Gennaio: giorno 23, partenza per zona terremotata sino al giorno 27.Gennaio, 28. Rientro da terremoto e da una visita a San Marino, paradiso fiscale.

Ancora Gennaio: allestimento, in studio radiofonico, dello speciale su San Marino, appunto.

Febbrai: fuori sede, destinazione Aviano. Bombardamenti forze aeree NATO su Serbia e Montenegro. Servizi H24 dal 3 al giorno 9. Sempre Febbraio: inchiesta su smaltimento illegale di rifiuti pericolosi: fuori sede dal 18 al 22, vari luoghi.

Aprile: dal giorno 16 Udine e zone limitrofe (sino a Gorizia e Trieste) per passaggi di clandestini essenzialmente cinesi.

Sempre Aprile: Bolzano, per questione di nonnismo. A Bolzano, Comando Alpini, Reparti di Alpini Paracadutisti;

Giorno 28: Comando Ariete a Pordenone, a Orcenigo l'11.mo Bersaglieri, a Tauriano il 32.mo Carristi ; a Bologna, sulla via del rientro, il 6° Bersaglieri, a l'Aquila il 33.mo Artiglieria.

Rientro il 2 aprile.

Maggio, giorno 7: in sala di montaggio servizi speciali, dalle ore 20 alle ore 24.

Sempre Maggio. Giorno 23, in onda lo speciale sul <nonnismo>.

Ancora Maggio. Comincia la ricerca su militare italiano disperso in Bielorusia.

Sempre Maggio, giorno 28 fuori sede per tale inchiesta: Trieste per cercare istriani e giuliano dalmati.

Giugno 1998: rientro da Trieste dopo colloqui con colonnello Celani e Comandante Chiossi. L'inchiesta si riferiva a Lino Caso. Il 3 Maggio telefonato a Modena al professor La Perna, sempre per ricerca su Lino Caso.

13 Giugno. In onda lo speciale su Pasquale Caso (le cui ricerche, coronate da successo, si spinsero sino a Napoli, dove si intervistò il <reduce>).

Giugno dal giorno 18 in Sicilia, rientro il 25.

Luglio 1998. Fuori sede a Lampedusa dal giorno 4 al giorno 9, con soste anche in Sicilia e in Calabria: immigrazione clandestina e questioni correlate.

Luglio: in Puglia dal 14 al 22 (imbarchi notturni anti - clandestini)

Sempre Luglio: in Francia. Dal 29 al 7 Agosto, con destinazione Normandia.Soste ad Aosta, Sallanches, Moulines, Bayeux con visita al notevole Museo, inoltre S.te Mère Eglise, e S.te Mere du Mont: si ammirano le casematte dove erano installati i cannoni da 155 mm di una potente batteria costiera germanica . A Caen visitati: il Memorial, Pegasus Bridge, il cimitero di Ranville, la batterie di Longues sur Mere. Soste a Omaha Beach (cimitero americano zona prima dello sbarco) La Pointe du Hoc; Monumento agli ottocento danesi; Batteria di Azeville; batteria di Crisbecq; monumento ai parà statunitensi delle divisioni 82.ma e 101.ma; sosta al cimitero germanico di La Cambe, soste ai cippi dei para britannici.

4 Agosto: cimitero canadese , cimitero polacco, sacca di Falaise, Chambois, Mont Ormel più cimitero Inglese, cimitero tedesco a Lisieux. E' la zona dove si ebbero i più violenti combattimenti della Battaglia di Normandia.

Settembre 1998: inchiesta su riciclaggio denaro sporco (per legare le informazioni reperite all'Interpol a Lione, durante la permanenza in Francia); Brindisi, colloqui con il Sostituto Procuratore Lino Bruno; Lecce, incontro con il Sostituto Procuratore Cataldo Motta, rientro il 19.

Ottobre 1998: Fuori sede dal 13 (Contatti con comando NATO)a Vicenza. A Piacenza per comando 50° Stormo, (specializzato nella soppressione dei centri radar nemici); 16 a Istrana: Cacciabombardieri italiani e francesi; il 17 rientro. Era il tempo dei bombardamenti contro Milosevic. Si ritornò ad Aviano si raggiunsero poi Cervia, Gioia del Colle, Lecce e, in Sicilia, Comiso, dove, nel luogo in cui vi fu la base dei missili della NATO, furono ospitati i profughi dal Kosovo, trasferiti con un ponte aereo.

Ottobre, 24: in onda lo speciale sulla NATO.

18 Aprile 2012, ore 06.58.

Televideo: Roma - Carabinieri del Comando provinciale di Roma stanno effettuando 32 arresti, con l'imputazione di traffico di stupefacenti, armi e munizioni. Smantellata un'organizzazione criminale operante nel Lazio, nelle Marche, in Toscana e in Emilia. I criminali erano specializzati anche nella commercializzazione di armi da fuoco, munizioni ; importavano gli stupefacenti, preferibilmente cocaina, da Spagna e Albania. I militari hanno sequestrato più di 50 chilogrammi di stupefacenti, armi, munizioni e valuta in contanti.

Una notizia che rientra nel panorama ordinario di una società fortemente compromessa nella sua dignità e nella sua ormai dimenticata onestà morale, etica e intellettuale, con ciò sminuendo l'opera di quanti, Forze dell'Ordine e Investigatori, compiono nel tentativo di arginare la lurida marea che investe con violenza e continuità i resti di una organizzazione sociale , allo sbando,che qualcuno ardisce, ancora, a definire Nazione.

Un notizia che ha fatto sorridere con amarezza alcuni ex: precisamente ex che investigatori non erano nell'accezione ortodossa del termine, ma che investigatori lo sono stati per lunghi anni anche a fianco di uomini delle Forze dell'Ordine, in quanto <ospiti> autorizzati a bordo di mezzi navali e terrestri di Carabinieri, Polizia di Stato, Guardia di Finanza e Capitanerie di Porto, nelle operazioni di pattugliamento e contrasto all'immigrazione clandestina, nelle acque del Canale di Otranto, al largo delle coste albanesi, nel Salento, in Turchia, nello Jonio e per estensione, in numerosi paesi europei: Francia settentrionale, Belgio, Olanda, come pure nella Venezia Giulia, in Austria e persino in Lussemburgo e Germania.

Amarezza perché la notizia ricalca quanto a suo tempo è stato oggetto di ricerche, analisi, temi di servizi giornalistici specifici di varia ampiezza e profondità, e di inchieste corroborate e documentate dalla presenza <in diretta> negli avvenimenti.

Amarezza perché gli esiti di quelle inchieste non ebbero l'eco auspicato, non sensibilizzarono alcuno, se non qualche ascoltatore o lettore , isolato.

A tanti anni di distanza la <galassia> criminale, come conferma la notizia riportata, non ha perduto alcunché della sua velenosa presenza, e della sua pericolosità.

Eppure nell'ormai lontano e dimenticato anno domini 2002, il mensile "Solidarietà di Polizia", organo ufficiale del sindacato So. di. Po. pubblicava (numero 8 – novembre 2002, pagina 14, 1^col), nell'ambito di una inchiesta dal titolo "La galassia criminale", realizzata da Fanny Bufalini:

"Con gli albanesi si passa alle informazioni acquisite dall'intelligence nel campo della criminalità organizzata straniera. Oltre quanto sopra indicato, e senza trascurare il peso specifico delle disponibilità di valuta riciclata in gran parte accumulata in depositi cifrati in istituti di credito europei notoriamente discreti quanto a copertura degli interessi della clientela, la criminalità albanese, uscita ormai "dall'adolescenza", controlla la maggior parte dei traffici tra le due sponde dell'Adriatico, tratta alla pari se non addirittura in posizione di forza con le mafie <indigene>, ha esteso a macchia d'olio la sua presenza nel territorio nazionale e in vari paesi dell'Unione Europea. Scendendo al dettaglio delle informazioni acquisite (e si tratta di un lavoro paziente,difficile, pericoloso, è bene precisarlo) trasporti di droga occultati in camion imbarcati su motonavi provenienti da Durazzo e dirette in genere a Trieste; l'opzione degli sbarchi, nel nord della Puglia, di carichi di armi e di droga trasferiti in seguito nella provincia di Pescara e poi smistati in varie zone del Settentrione, operazioni, queste ultime,attuate da albanesi residenti in zona: intese stabilite tra gruppi criminali albanesi e un'organizzazione malavitosa brindisina che dispone di appoggi, compiacenze e basi in Montenegro, nella gestione del traffico di clandestini. Fonti estere rivelano che la mafia albanese non ha escluso l'ipotesi di armare i propri motoscafi d'altura per <proteggere> traffici illeciti. Questo a seguito di un conflitto a fuoco con la polizia portuale greca.

"Lo scenario informativo – si legge ancora nel testo indicato e qui in parte ripreso- comprende anche quanto segue:

-attività economiche e commerciali avviate a suo tempo da alcuni pregiudicati italiani in Albania attraverso le quali potrebbero svolgersi traffici illeciti, in particolare nel settore degli stupefacenti;

-rapporto fiduciario instaurato con gruppi camorristici della provincia di Caserta, da un albanese che costituisce il punto di riferimento per i connazionali clandestini presenti in zona e dediti allo sfruttamento della prostituzione e ai furti;

-La presenza a Torino di un sodalizio criminale composto da albanesi e italiani, interessati alle truffe nel settore finanziario;

-L'attività di un cittadino albanese, residente a Milano, che farebbe parte di una organizzazione dedita al traffico di stupefacenti e di materiale radioattivo proveniente dall'Est europeo;

- Contatti di un pregiudicato sospettato di collegamenti con la criminalità organizzata siciliana, con ambienti della ex Jugoslavia, contatti che potrebbero celare interessi legati ad attività di riciclaggio, traffico di stupefacenti e altro.

Un aspetto particolarmente interessante dell'inchiesta condotta e, qui, documentata, per quanto è stato consentito, relativamente al

<ruolo> albanese; si riferisce " ai contatti con vari ambienti dei Balcani:

"Le informazioni acquisite, aggiungono le fonti,riguardano settori della Sacra Corona Unita, dediti al contrabbando dal Montenegro, che sarebbero in grado di favorire la latitanza in quel paese e in altri dell'est europeo, principalmente in Polonia e Romania, dove il gruppo avrebbe stretto rapporti con i locali sodalizi criminali. Inoltre una delle rotte dei traffici illeciti tra Albania e Italia, si sviluppa da Scutari, attraversa il confine con il Montenegro e giunge al porto di Bar e da qui la costa pugliese a sud di Bari, con velocissimi motoscafi di produzione italiana(la ditta pare abbia da tempo trasferito nell'area portuale di Bar una sezione di manutenzione tecnico-logistica dotata di adeguate scorte di pezzi di rispetto). La rotta sopra indicata sarebbe stata escogitata, dopo adeguati contatti e intese con i controllori del percorso, sulla base delle esigenze dettate da quanto verificatosi in Kosovo. Ora è tornata di attualità, ma se ne parla poco. La questione del <corridoio> dal Mar Nero (un porto bulgaro?) a Durazzo o a Valona, luogo cui far pervenire in Adriatico il petrolio del Mar Caspio. Salvo che non prevalga la <scelta> turca. Un altro aspetto non adeguatamente considerato concerne l'estensione della criminalità albanese nel territorio nazionale. Oltre quanto sin qui indicato, si deve considerare una serie di attività illecite – furti rapine, traffico e spaccio di stupefacenti, sfruttamento della prostituzione, traffico di bambini, traffico organi – cui sono dediti gruppi albanesi.

Questi nuclei, osservano le fonti, dimostrano un elevato livello di aggressività, possono contare su una forte coesione e mutua assistenza che prelude alla costituzione di veri e propri sodalizi, idonei ad occupare posti di rilievo crescente nel nostro paese, con riflessi non marginali in Europa. (2- continua)

NOTA DELLA REDAZIONE

Vi è da chiedersi quali siano stati i motivi che si opposero ad una più meditata riflessione delle informazioni sopra sinteticamente riportate, da parte degli organi competenti, segnatamente quelli che costituiscono l'asse portante della sicurezza interna: analoga considerazione merita l'orientamento della casa editrice. Infatti, le informazioni sopra indicate erano frutto di indagini durate alcune settimane e, in alcuni casi, di cui si dirà in seguito, anche svariati mesi,richiedendo riscontri e verifiche, mediante contatti con fonti, comprensibilmente diffidenti, difficilmente individuabili e penetrabili, quando non addirittura ostili e impermeabili, nel senso più pieno dell'espressione.

Una cosa è certa: mai vi sono state smentite dirette e/o indirette e neppure consigli, suggerimenti, o altro del genere.

Quanto precede è una parte, minima, di un lavoro investigativo/giornalistico svolto più di dieci anni fa.

Tenuto conto di quale sia la situazione oggettiva attuale, vi sono pochi dubbi sul fatto che quanto rivelato dieci anni fa non abbia avuto l'opportuno contrasto. Neppure sotto l'ottica psicologica. Acquisisce maggior rilievo la conclusione alla quale giunse l'autrice dell'inchiesta: Quanto evidenziato nei paragrafi riportati, "contribuisce ad aumentare il già sensibile degrado ambientale e ad alimentare il rischio dell'insorgere di conflitti con gruppi criminali locali, di altre nazionalità (specie albanesi), sia per il controllo del territorio, sia per le posizioni di preminenza nei rapporti con organizzazioni criminali internazionali dominanti i mercati di incetta e quindi non scalzabili dalla loro posizione di effettivo monopolio nell'offerta. Infine, quanto precede sia a livello interno, sia a quello europeo, equivale a una sfida nei confronti delle forze dell'ordine e una minaccia non sottovalutabile sui livelli di sicurezza e di regolarità del vivere sociale ed economico".

Quello che si sapeva, ma che venne ignorato, sottovalutato, ingoiato dall'indifferenza e dall'albagia.

Appare il titolo più consono per questo lavoro.

Pur in presenza di un massiccio attacco da parte delle organizzazioni dedite al traffico di esseri umani, i vari governi succedutisi dal 1990 in avanti, e segnatamente nel periodo più critico , nella seconda metà di quel decennio, nulla fecero per opporsi all'ondata di clandestini riversati sulle nostre coste. Subirono e basta.

Chi scrive le presenti notazioni introduttive della documentazione sugli esiti delle indagini condotte dall'autrice dell'inchiesta, Fanny Bufalini Baroni, su incarico della direzione del periodico "Solidarietà di Polizia", organo ufficiale del sindacato So.Di.Po., ricorda, tra l'altro, la visione di autentiche piramidi di domande di asilo politico accatastate, letteralmente, in uno squallido sottoscala della Questura di Lecce e lì giacenti da mesi, se non da anni.

L'inchiesta, mentre si proponeva di denunciare i risvolti e le dimensioni del fenomeno della criminalità organizzata, così come l'insidia rappresentata dal radicarsi nel nostro Paese della presenza di clandestini non sempre spinti, motivati dal desiderio di condizioni di vita migliori in quanto, in misura non marginale, l'obiettivo autentico consisteva nell' organizzarsi per delinquere, l'inchiesta aveva quale obiettivo primario il delineare e configurare i profili meno apparenti della criminalità.

A tale proposito l'autrice realizzò uno studio specifico, che non si esita a classificarlo un'analisi di alto livello sul fenomeno oggetto dello studio.

L'autrice affrontava "i caratteri delle bande criminali", premettendo che "nell'individuazioni generale dei caratteri delle bande criminali" era indispensabile considerare precise coordinate di riferimento".(Da Solidarietà di Polizia- dicembre 2003, pag. 9 e seg.) L'inchiesta che ovviamente richiese un lungo a articolato lavoro in Italia e in numerosi paesi europei, con una puntata in Turchia, si articolava in tre parti (seconda parte nel numero di Gennaio/Febbraio 2004; terza parte conclusiva nel numero di Marzo 2004)

Non risulta che gli ambienti del Viminale e/o di altre strutture specifiche finalizzate, istituzionalmente, alla preparazione del personale, abbiano mai inteso valutare la possibilità di utilizzare in qualche misura gli esiti delle inchieste pubblicate da "Solidarietà di Polizia" per ampliare lo spettro delle informazioni da fornire quale conoscenza al personale.

Si sottolinea quanto segue (un appunto manoscritto da parte della <investigatrice> sopra citata): "Hanno abbandonato il traffico di clandestini per gestire affari ancora più redditizi, come il traffico di armi e lo sfruttamento della prostituzione. Gli agenti delle squadre mobili del Salento fanno la spola quotidianamente tra le due sponde dell'Adriatico. Ma i clan degli albanesi gestiscono una vera e propria tratta delle minori. E' un fatto accertato: le ragazze spesso in età inferiore ai sedici anni, arrivano a Brindisi per poi essere spedite nelle grandi città del Nord, dove sono avviate alla prostituzione. Gli agenti delle Squadre mobili scoprono documenti contraffatti, soprattutto nel settore dei minori. I passaporti albanesi portano solo le fotografie degli intestatari, ma non quelle dei minori, ovvero dei presunti figli dell'accompagnatore. Una semplice annotazione e uno scarabocchio, queste sono le uniche testimonianze della presenza del minore.

Così un passaporto può essere utilizzato per più trasporti "regolari". Accanto ad una firma chiamiamola regolare esiste poi quella del "clandestino".

Con i gommoni, vengono trasportati in Italia minori che non si sa che fine facciano. La pericolosità di tali nuovi <passaggi> o, meglio, in una scala più ampia di quella verificatasi in passato, sta nella crudeltà degli albanesi e nella loro disponibilità a tutto pur di ottenere quanto prefissato.

IMMIGRAZIONE E CIRCUITI CRIMINALI

Facciamo un passo indietro. Si è affrontato lo scottante argomento della < galassia criminale>, con riferimento alla pubblicazione degli esiti dell'inchiesta,nel 2002. Un lavoro di ricerca, analisi e riscontri durato, all'epoca, circa dieci mesi. Ora, a seguito di una ricerca d'archivio, autonoma, è emerso un documento antecedente: uno studio quasi parallelo relativo a "immigrazione e circuiti criminali", da cui è scaturito un ulteriore collegamento, "terrorismo e criminalità". Ecco il "passo indietro".

Le indagini condotte sfociano fatalmente in una ipotesi che richiede conferma o smentita, la collusione o connivenza, se non addirittura l'identificazione tra la criminalità e il terrorismo.

Una contiguità non solo operativa, ma anche, e forse,soprattutto, concettuale. E' questa la nuova pagina che qui si intende ricordare, non senza rilevare la stretta connessione, in linea di principio, con la logica che motiva e sottende alla presente rievocazione: l'indifferenza nei riguardi degli esiti delle inchieste pubblicare da "Solidarietà di Polizia".

Quale premessa, si devono evidenziare alcune considerazioni lessicali: uso e significato del termine <terrorismo>, in quanto sono continuamente mutati nel corso del tempo.

Il ricorso alla violenza contro un ordinamento politico ad opera di un movimento clandestino, in determinate circostanze assume la configurazione di una vendetta oppure quella di lotta di un movimento di <cosiddetta> "liberazione", oppure, ancora, come una "guerra" condotta da un esercito regolare o che tale si definisce. La difficoltà di trovare una definizione trova riscontro nel fatto che l'Unione Europea "abbia trovato un accordo per la definizione uniforme del concetto solo all'inizio dell'anno 2001 e solo a seguito delle pressioni esercitate dagli eventi traumatizzanti dell'11 Settembre di quell'anno negli Stati Uniti d'America". Una conferma, quindi, di quanto sia difficile giungere ad una definizione unitaria.

Le notazioni sono riprese da "Sindacato di Polizia", numero 3, Aprile/ Maggio 2001 (pag.11 e seg .).

Attorno alla metà del 2001, il Nord Est era la zona d'Italia che presentava la maggiore esposizione alla pressione migratoria insieme con un potenziale di rischio di inquinamento dei sistemi economici locali sviluppatisi negli anni 80 e 90 intorno a diversi poli imprenditoriali con margini di ricchezza sommersa e con un'alta domanda di bisogni edonistici - industria del divertimento, gioco, droga, prostituzione.

L'impiego di lavoratori stranieri aveva assunto carattere strutturale con radicamento sul territorio a macchia di leopardo. Innescando anche tensioni sul piano dell'accoglienza e dell'integrazione. Con segnali di pulsione xenofoba enfatizzati dalla destra radicale e dall'integralismo religioso.

Era reale, inoltre, la prospettiva di afflusso massivo di capitali sporchi della holding criminale in un'area ancora oggi retroterra e proiezione avanzata su un grande mercato per l'imminenza di una stagione di grandi opere di trasformazione economiche liberiste, si presume un <eldorado> che accompagnerà inevitabilmente la mutazione degli assetti geopolitici della Balcania sino al Mar Nero e all'area caspica, ricca di giacimenti petroliferi e di gas, su cui premono gli interessi di grandi potenze economiche e politico-militari.

In tale contesto il Friuli Venezia Giulia gode di una posizione in certo qual modo privilegiata: il territorio da Treviso a Muggia si pone di fronte alla Slovenia e poco oltre con la Croazia (che dista meno di 30 chilometri da Trieste, e meno di 10 minuti dal valico doganale di Rabuiese e a circa trenta minuti di navigazione da Grado (Provincia di Gorizia) e Monfalcone (idem), divenuti recentemente terminali delle rotte contrabbandiere di clandestini prelevate sulle coste istriane e dalmate.

Quella sintetizzata è una realtà geografica con la quale bisogna fare i conti in termini di sicurezza pubblica e di tutela delle regole del mercato. Inoltre si deve considerare e con somma attenzione che il disfacimento delle Jugoslavia titina nel 1991, ha provocato la liquidazione brutale e sanguinosa di un complesso equilibrio sociale, economico e politico con ricadute sulle regioni del Nord-Est e su tutto il territorio nazionale che si affaccia a levante e sull'Adriatico. Questione sottovalutata irresponsabilmente dai vari governi.

Parlare di confine orientale riferendosi soltanto alla frontiera giulia è riduttivo e sviante, perché questo confine corre ormai lungo tutta la costa adriatica della penisola, margine esterno della cosiddetta fortezza Shengen.

La problematica che ne deriva investe aspetti diversi, di dimensioni notevoli e con risvolti spesso drammatici, non solo per i flussi migratori, ma anche per ambienti delle comunità spesso ai margini delle dinamiche del mercato globale che avvertono percettivamente minacciata la sicurezza del loro mondo.

La misura dell'entità del fenomeno dell'immigrazione clandestina è fornita, tra l'altro, dai dati resi noti dalla Questura di Gorizia e relativi ai primi nove mesi dell'anno 2000: si tratta del transito di oltre diecimila extracomunitari <rintracciati>>: slavi, cinesi, romeni, curdi, con un incremento del 100% rispetto ai dati del 1999 e ancor più rispetto a quelli del1998, quando si aprì massivamente quella nuova rotta balcanica verso l'Italia e verso l'Europa.La maggior parte di tali clandestini, munita di decreto di espulsione prefettizio si allontana, facendo perdere le proprie tracce, sul territorio nazionale o raggiungendo altre destinazioni europee. Da tenere presente che nuovi flussi si erano attuati mediante gommoni e motoscafi che giungevano dalla Slovenia e dalla Croazia, "spiaggiando", secondo modalità collaudate dagli scafisti albanesi, sul litorale di Grado, Monfalcone e sino a Jesolo, Caorle e oltre.

L'inchiesta ha appurato che il fronte terrestre è fenomeno vecchio di oltre cinque sei anni, anche se è stato necessario del tempo per avere piena consapevolezza della sua entità. Più recente, invece, quello marino : l'avvio risale all'attività dei contrabbandieri che fanno base nei porticcioli tra Cittanova e Parenzo lungo la costa istriana, ma anche nelle vicinanze di Pola.

La dimensione del fenomeno, qualora siano necessari chiarimenti, è fornita da quanto segue: le Forze del'ordine alla metà di luglio del 2001 intercettarono 654 curdi e poco dopo altri 64 clandestini sbarcati nelle vicinanze del porto Buso, nella laguna di Marano e di Grado. Ebbene i clandestini, a quanto si apprese, provenivano dalla costa croata dove erano giunti via Serajevo da Istanbul. Altre provenienze, accertate durante un'inchiesta della Procura della Repubblica di Trieste, si riferivano a cinesi e bengalesi. Addirittura drammatico il risconto finanziario del traffico. Per la sola traversata dall'Istria alle coste giuliane, friulane o venete il prezzo era equivalente a circa 500.000 lire,per ogni clandestino (con carichi sino a oltre venti unità), mentre la cifra complessiva che ciascun clandestino doveva sborsare all'organizzazione criminale per il viaggio Cina-Italia era, all'epoca, equivalente a 20 milioni di lire.

L'ultima parte del viaggio si svolgeva a piedi attraverso i monti o via mare o ancora stipati nei doppifondi dei TIR. Mediamente ogni anno almeno 40 mila clandestini superano il confine orientale , mentre sono stati arrestati poco meno di 500 passeur, l'equivalente terrestre degli scafisti. Stazioni di sosta dei clandestini, persino maghrebini, si trovano in Croazia, Serbia, Bosnia, Ungheria, Romania. Il primo passo, si fa per dire, il clandestino lo deve compiere per giungere a tali stazioni di sosta; in seguito l'organizzazione organizza il movimento sovente a piedi o con mezzi di fortuna, sino al confine dove il passeur fa da guida per superare il confine e accedere al territorio italiano. Vi sono condizioni particolarmente favorevoli per i clandestini, particolarmente in Bosnia. Serajevo è diventata da tempo la cerniera più importante dei traffici illegali verso l'Italia perché da tempo ha abolito i visti d'ingresso per i cittadini dei paesi islamici, del mondo arabo, Iran, Turchia, come atto di gratitudine per l'aiuto ricevuto durante la guerra 1992/1995.

Così arrivano a Serajevo, per via aerea, gruppi di iraniani, pakistani, curdi/irakeni, unitamente a rumeni, moldavi e bielorussi che, attraverso la Croazia e la Slovenia raggiungono clandestinamente il Friuli Venezia Giulia, talvolta transitando a piedi nella zona del goriziano o nella stessa Gorizia, dove i passaggi avvengono attraverso un confine che taglia solo virtualmente una continuità di abitato e di territori.

Un fenomeno ugualmente in crescita, rileva a questo punto l'inchiesta, è quello dell'immigrazione di massa di cinesi che sbarcano all'aeroporto di Belgrado grazie ai visti ottenuti in patria o all'arrivo e che poi attraverso Bosnia e Croazia e Slovenia raggiungono l'Italia.

Vi sono poi due situazioni altamente coinvolgenti aspetti criminosi dell'intera vicenda traffico di clandestini. La prima si riferisce agli arrivi massicci- e solo per un transito temporaneo- di iraniani e turchi in Bosnia, con destinazione finale l'Italia e in parte la

Germania (i turchi), e, secondo aspetto, traffici di ogni genere, droga etc. Inoltre i clandestini non giungono a Serajevo soltanto per via aerea, ma anche lungo una direttrice che viene dal sud (Turchia, Bulgaria, Macedonia, Sangiaccato) e che prosegue verso l'Europa ripercorrendo quello che è, storicamente, il ramo principale della rotta balcanica che porta l'eroina dalla Turchia ai bacini di consumo europei, attraverso Salonicco, Skopje, Nis, Belgrado, Zagabria e da qui a Lubiana e Spalato per la droga diretta in Italia. L'eroina viaggia attualmente lungo lo stesso asse balcanico con una rete di corrieri controllata dai trafficanti albanesi/kosovari che stanno acquisendo un'egemonia sul traffico di contrabbando sulla prostituzione, d'intesa con la mala di Timisoara, e di stupefacenti d'intesa con i trafficanti turchi e afghani.

La questione prostituzione occupa gran parte dell'inchiesta ed è ricchissima di informazioni come pure del quadro entro cui si sviluppa lo sfruttamento che coinvolge non pochi altri aspetti. Il fenomeno era divenuto ben visibile sulle strade del Nord-Est, talvolta nascondeva attraverso processi di mimetizzazione facilmente riconoscibili come nel caso della cosiddetta prostituzione mascherata (entraineuse, ballerine, estetiste, accompagnatrici, etc.) forme di prostituzione coatta o di vera e propria tratta a scopo di sfruttamento sessuale.

La prostituzione viaria nel Nord-Est era ed è prevalentemente albanese, che ha avuto tempo di radicamento dopo gli arrivi dei primi anni 90 e che si è rinnovata di continuo, specie con i flussi attivati nel 1997, quando gli sbarchi, particolarmente in Puglia, superavano le cinquecento unità al giorno, rovesciando sul territorio nazionale, circa ventimila clandestini in poco meno di due mesi. Il mondo della prostituzione albanese è caratterizzato dalla presenza di forme diffuse di violenza e di crudeltà, favorite da antiche costumanze d'oggettivazione della donna in ambito di clan familiari e per un retaggio di subordinazione femminile, non ancora risolto (regole codificate dal <canun>, una specie di <corano> albanese). Il modulo albanese di ragazze trafficate tout court è stato assunto dalle componenti bosniache, moldave, bulgare, tutte in fase di espansione sotto la regia di bande di sfruttatori albanesi, kosovari che hanno attivato una <tratta delle bianche> che ha i suoi centri maggiori di reclutamento a Timisoara (Romania), Chisinau (Moldavia) In Kosovo, Albania, Montenegro e Macedonia, dove si è evidenziata anche una maggior domanda commessa alla presenza di un nutrito dispositivo militare e civile internazionale, prima di essere smistate nelle zone d'esercizio occidentali.

ROMANIA

Primi giorni del 1990. L'ordine era chiaro: raggiungi Brindisi e imbarca su Nave San Marco.   Destinazione la Romania con un grosso carico di aiuti per quella popolazione appena uscita dalla crisi innescata dal crollo del regime di Ceausescu. Un colpo di stato mascherato da rivoluzione, con scintilla iniziale a Temesvar, in ungherese,talchè era l'origine, Timisoara, Romania occidentale.

L'abitudine era consolidata: obbedire senza discutere, senza la benché minima obiezione.   Questione di addestramento, sfociato in stile. Così raggiunto Brindisi, poco dopo ero a bordo, provando quel sottile piacere del distacco dalla terra e da tutte le sue complicazioni. Nel momento in cui ottenevo la riposta positiva alla domanda: "Chiedo il permesso di salire a bordo", dopo aver superato l'ultimo gradino del barcarizzo, automaticamente si verificava il taglio, netto con quanto si accalcava sul molo, manifestando irritazione per essere stato scaricato così, seccamente, senza alcun riguardo, fatti salvi i vivissimi sentimenti intimi, verso i miei cari.

Il <marinaio> prevaleva e l'inquadramento trasformava l'essere, proiettandolo verso l'azione, verso l'obiettivo della missione: nell'occasione il porto di Costanza, sul Mar Nero. In precedenza, più e più volte, Golfo Persico, in seguito, due volte, Somalia.

Condizioni meteo favorevolissime, mare calmo, navigazione eccellente, conversazioni molto gradevoli in quadrato ufficiali e in plancia, coordinamento produttivo con il comandante, con il <secondo>, con il commissario e trasmissione, dalla sala radio dell'unità, dei servizi alla scadenza richiesta dal GR/RAI, quattro cinque volte nell'arco delle 24 ore, con ultimo servizio trasmesso per il GR delle 24.00 che da Roma si irradiava in mezza Europa, in Canada e, dopo le opportune determinazioni, in Australia.

E così per svariati giorni mentre il San Marco (e il suo prezioso carico di aiuti umanitari, alimentari e sanitari) aveva la prora sull'Egeo passando non lontano da Capo Matapan, nome tragico, cupo, raggelante: le acque di quella zona di mare sono il doloroso cimitero di cinque navi e di oltre 2.300 Marinai Italiani caduti sotto il fuoco micidiale delle corazzate e dei cacciatorpediniere della Royal Navy, la notte sul 29 marzo 1941: incrociatori pesanti, Pola Fiume, Zara, cacciatorpediniere Carducci e Alfieri. Duemilatrecento i Caduti. Una vicenda oscura, dove ancora alitano misteri, tradimenti, menzogne, manipolazioni. Argomenti messi da parte nei servizi trasmessi per il Giornale Radio.

Un paio di giorni più tardi il Comandante del San Marco, mi convocò nel suo alloggio: mi chiese di parlare all'equipaggio nel periodo in cui la nave si avvicinava allo stretto dei Dardanelli, dove sulla penisola di Gallipoli, si potevano scorgere, molto meglio con i potenti binocoli di cui la nave era dotata, le bianche lapidi del cimitero Britannico, testimonianza dei durissimi combattimenti fra turchi e truppe australiane e neozelandesi (il Corpo di spedizione ANZAC) appunto lungo la penisola di Gallipoli, nel 1915: una infelice, sanguinosa campagna voluta da Winston Churchill, all'epoca primo Lord dell'Ammiragliato, convinto (illusione)che attaccando dai Dardanelli, si sarebbe costretta la Turchia alla resa e gli austriaci ad abbandonare i Balcani.

Ma vi era altro e di maggior interesse per l'Equipaggio di Nave San Marco. Il Comandante, anche se apparentemente disinteressato del <marinaio> aggregato al suo Stato Maggiore, con il <placet> e la <benedizione> dell'Alto Comando della Marina, del Ministero della Difesa e personalmente del Capo di Stato Maggiore Generale, si era formato un'idea, o aveva ricevuto una sintetica nota relativa la profilo professionale del <marinaio>, nel quale prevaleva l'interesse critico, specifico, in merito alla storia della seconda guerra mondiale, segnatamente, per quanto svolto dalla Regia Marina. Tra questo vi era e con grande rilievo l'impresa compiuta da Luigi Ferraro, incursore straordinario e autore di alcune tra le più spettacolari missioni che Uomo abbia mai compiuto in tempo di guerra: l'attacco subacqueo solitario a navi nemiche: lunghe pericolose nuotate da terra e sino alle navi da carico nemiche, applicazione di cariche esplosive dotate di speciali apparati che determinavano l'esplosione dell'ordigno, applicato dal Ferraro alle alette di rollio, dopo un certo numero di miglia percorse a una determinata velocità dal mercantile nemico, con il conseguente affondamento del mercantile e del suo prezioso carico, di metalli strategici(cromo). Perdita del mercantile addebitata, presumibilmente, ad una mina, o a un sommergibile, non certo all'impiegato del Consolato che, oltre tutto, ed era di comune conoscenza nell'ambiente diplomatico, di quella zona neutrale, non sapeva nuotare, manifestando una insopprimibile avversione per l'acqua. Il <marinaio> aderì immediatamente all'ordine del Comandante e al momento opportuno raccontò all'equipaggio le vicende che avevano visto Gallipoli, gli Stretti e l'area di quel tratto di mare assurgere a protagonisti di vicende storiche di grande rilievo. In seguito il <marinaio> ebbe un riconoscimento confidenziale. Il comandante di Nave San Marco gli rivelò che la sera i marinai liberi dal servizio riascoltavano il racconto che avevano registrato.

Quando Nave San Marco attraccò a una delle banchine di Costanza, era tarda sera. Un vento gelido di traverso, tagliava l'orizzonte su un vuoto buio e su un porto dove la ruggine e la ferraglia abbandonata dominavano una scena gelida non tanto per il clima, quanto per il niente che sovrastava il cupo e misero orizzonte. Solo qualche guardia addobbata alla meno peggio (in genere senza guanti, impugnando a fatica il kalashnikov di chiara matrice sovietica e alcune guardie, in genere donne, egualmente armate, site su piattaforme di torri di legno) erano protagonisti della scena, dominando dall'alto l'area dove la nave italiana era attraccata.

Quando lo scarico delle merci ebbe inizio non vi fu un formicolare di marittimi con carrelli e altro utile, ma solo marinai della nave a provvedere alla bisogna. A bordo l'indomani, a presentarsi al Comandante, sia pure dopo aver esibito le dovute credenziali, giunsero due ufficiali superiori (grado equivalente a quello italiano,capitani di corvetta) del locale Comando Marina. Uno di essi, F.S., si qualificò quale psicologo. Si ebbe così la paziente operazione di scarico, che si protrasse per alcuni giorni avendo le autorità locali interesse e curiosità nell' accertare di cosa si trattasse e dove sistemare i vari pallets. Il tempo, dopo la prima inevitabile diffidenza, consentì di migliorare i rapporti con i due ufficiali di collegamento. Quando al mattino arrivavano la Nave offriva loro caffè, ma poco dopo lo psicologo si fece coraggio, aiutato anche dalle chiacchiere dei colleghi e del <marinaio>, e chiese un panino e una birra. E divenne così un rituale.

Quando il grande hangar del San Marco fu quasi vuoto, il Nostromo che presiedeva alle manovre di scarico, si rese conto che un pallet di pasta era semidanneggiato. Impossibile ripararlo e poterlo utilizzare senza rischiare di danneggiare ulteriormente il carico e di spargere ovunque i maccheroni e gli spaghetti. Allora chiamò un paio di sottufficiali e dispose di donare i pacchi di pasta alle guardie che si erano affollate nei giorni precedenti, letteralmente conquistati, se non addirittura ipnotizzati da tanto ben di dio. Ognuno ricevette due/tre pacchi di pasta. Una delle guardie, una donna, sistemata in cima a una delle torri ed esposta alle raffiche taglienti del vento che correva urlando sulle livide acque del mar Nero, spinto dalla bufera che imperversava sui Carpazi, batté sicuramente qualche primato mondiale di velocità discendendo come un lampo e correndo verso il boccaporto dove avveniva la distribuzione. Purtroppo giunse, trafelata, quando ormai tutta la pasta era stata distribuita. Un attimo di smarrimento e poi un pianto dirotto, disperato. Il Nostromo, vecchio lupo di mare, sul principio sorrise con amarezza, poi chiamò a sé un marinaio e gli sussurrò qualcosa. Quello scattò come una lepre e poco dopo riapparve a fianco del Nostromo con due pacchi di pasta che quest'ultimo diede alla donna soldato che tra le lacrime ringraziò vigorosamente e si allontanò stringendo al petto il kalashnikov e i pacchi di pasta. Poco mancò che abbracciasse il Nostromo.

Intanto uno dei sottufficiali vedendo che una delle guardie aveva le mani violacee per il freddo si sfilò i guanti e glieli offrì. Gesti che solo gli Italiani sanno fare e fanno e che il <marinaio> ha visto fare nella valle di Zakho in Kurdistan, in Somalia, nelle enclave del Kosovo, nell'interno squallido e deprimente dell' Albania.

Venne il momento di scendere a terra e di avvicinarsi alla città: un percorso obbligato che sfiorava una zona isolata e completamente recintata ("qui, un tempo c'era il casinò", disse l'ufficiale psicologo che fungeva da guida) e poco oltre, dopo una curva sulla sinistra, fummo di fronte ad una chiesa. Entrammo: donne che pregavano mormorando una cantilena incomprensibile, ma suggestiva. Una serie di candele accese decorava un tratto del pavimento di terra secca. Così, ci dissero, si ricordano i morti della recente rivoluzione: poi l'ufficiale psicologo aggiunse avvicinando la bocca al mio orecchio sinistro: il pope è un uomo delle Securitate, la polizia segreta di Ceausescu.Si rimase a lungo a osservare e riflettere. Quella chiesa, piccola e modesta, quelle candele, i riflessi sui volti delle donne in preghiera avvolte in scialli logori, ma ricchissime di dignità e di devozione, sono rimaste impresse nella memoria del <marinaio> come su una pellicola cinematografica. Peccato non avere una telecamera. Errori …

Proseguimmo di qualche decina di metri e vedemmo un bimbo che piangeva davanti a una vetrina poco illuminata, mentre la madre lo invitava seccamente a muoversi. Nella vetrina dominava una biciclettina. Intanto dietro la scena si avvicinavano tre Marinai di Nave San Marco, che coraggiosamente avevano scelto la franchigia, sfidando i 17 gradi sottozero di quella serata. Poco dopo il bambino, aveva smesso di piangere, sorrideva e teneva orgogliosamente le manine strette sul manubrio della biciclettina. Fu la notizia di apertura del servizio che trasmisi per il GR delle ore 24.00.I tre marinai proseguivano nella notte, imbacuccati,anche loro sorridenti. Quando giungemmo in quello che si poteva classificare il centro della città di Costanza, scorgemmo sulla nostra sinistra delle rovine antiche: resti di un foro romano, disse l'ufficiale psicologo, poi, soggiunse con un lampo di orgoglio, "questa è Romania …" "Nessuno straniero- disse poi- è mai entrato in casa mia. Vorreste voi venire?". L'invito era rivolto al <marinaio> e all'ufficiale che lo accompagnava,un ufficiale superiore con l'incarico di addetto stampa (prestava servizio, al Ministero, all'Ufficio Documentazione e Propaganda. In parole povere all'ufficio stampa e relazioni esterne).

Accettammo e l'ufficiale ci indirizzò in una strada laterale dopo averci spiegato che nell'edificio con le finestre illuminate che era sulla nostra destra vi erano ricoverati i feriti degli scontri a fuoco seguiti alla caduta di Ceausescu, fucilato unitamente alla moglie, la vigilia di Natale, quando il <marinaio> e un collega giornalista erano a Bucuresti, impegnati in una precedente missione. La notizia fu diffusa, da quella emittente, con molta enfasi, precisamente da una emittente ungherese che si captava chiaramente a Bucarest; si vedeva, e molto bene nella capitale romena: straordinariamente il commento risultò essere prima in lingua locale e subito dopo in inglese e in francese,sicché i due giornalisti italiani, soli stranieri presenti in quel locale, furono informati di quanto era accaduto poche ore prima. Ricordavano che la notizia della fucilazione di Ceausescu fu accolta con applausi da quanti erano davanti al televisore. In ogni caso la prudenza suggeriva cautela. In seguito, mentre da Arad puntavano su Timisoara a bordo di una potente BMW con targa austriaca , per ben tre volte furono fermati da posti di blocco di insorti che li interrogarono dopo aver infilato le canne dei mitra dentro la vettura dai finestrini abbassati, mentre quello che doveva essere il capo del manipolo osservava con diffidenza i passaporti. Difficilmente avrebbero dimenticato che quando avevano superato il confine tra Austria e Ungheria, ancora sotto il regime sovietico,   lasciata alle spalle una parte della "cortina di ferro" ricamata con i cavi dell'alta tensione, il militare con Kalashnikov e colbacco decorato con croce rossa sovietica, dopo aver visto i passaporti e le ricevute del dovuto in valuta pregiata per il visto di accesso all'Ungheria, salutò i due giornalisti con queste precise indimenticabili parole: Italiani?....mafiosi .....".

Giunti ad un portone aperto, salimmo alcuni piani di scale buie e tristi. Un'occhiata quasi di rapina sui nomi scritti sulle targhette poste sopra i campanelli: indicavano dottori, ingegneri, medici, funzionari di partito Appartamenti che da noi neppure nella peggiore delle periferie si possono ammirare .

Giunti al piano giusto, l'ufficiale psicologo aprì una porta e ci invitò a seguirlo. Entrammo: un piccolo, angusto appartamento: un salottino, un corridoio e lungo questo due porte, probabilmente le camere da letto e i servizi. Così si ipotizzò. Il salottino aveva una finestra sul davanti, a sinistra un mobile con sopra un piccolo televisore, un divanetto e due poltrone. Con la caratteristica di non avere le gambe o zampe, sicché ci si sedeva alla turca con il sedile che poggiava sul pavimento. Ovviamente con il cappotto e il berretto di Nave San Marco ben calzato in testa (berretto che tuttora fa parte dell'abbigliamento del <marinaio>, pur se a casa, come si dice in Marina quando si è in congedo, per raggiunti limiti di età). In quella casa vi erano sette gradi sotto zero e senza riscaldamento.

L'ufficiale psicologo raccontò che la televisione apriva i programmi nella prima serata e attorno alle ore 20 e alle 22 li concludeva. Manifestò delusione perché rarissimamente trasmettevano cartoni animati. Raccontò due episodi: la moglie era un medico, la figlia si chiamava Elisabetta. Ci invitò ad avvicinarci alla finestra da dove si vedeva in basso un vicolo molto stretto e a un certo punto una cancello: "Ecco, disse, lì dentro una volta al mese distribuiscono la carne. Bisogna che sia presente tutta la famiglia; allora noi, conoscendo la data della distribuzione, ci organizziamo, copriamo bene Elisabetta e prima delle tre di notte scendiamo e ci mettiamo in fila. Il cancello lo aprono alle quattro …

L'ufficiale romeno offrì un liquore. Una specie di slivovitz, parve, (il marinaio è astemio) e andò giù come acqua fresca. Dopo il brindisi, aggiunse che alcune volte si riunivano con degli amici, fidati lasciò intendere. Come trascorrevano le serate? Facendo ipotesi su come sarebbe finito Ceausescu.

Nei giorni durante i quali rimanemmo a Costanza, apprendemmo molte notizie. Pareva quasi che durante i colloqui sovente improvvisati con gli interlocutori romeni vi fosse una precisa intenzione di comunicarci determinate informazioni. Ad esempio dopo averci fatto visitare alcune case di nuova costruzione, ma incomplete di infissi, pavimenti e impianti igienici, ci fu precisato che quelle abitazioni sarebbero state subito assegnate a famiglie che avrebbero dovuto viverci in quelle condizioni. Inoltre i muratori aggiunsero che Ceausescu per lungo tempo aveva venduto all'estero, a paesi del terzo mondo, materiali edili per riscuotere valuta pregiata che non si sapeva dove fosse finita. Altre visite e relative informazioni a strutture sanitarie: ad esempio, i chirurghi al primo mattino facevano l'inventario dei guanti chirurgici disponibili per stabilire quali e quanti interventi avrebbero potuto fare. Usavano ancora siringhe di vetro. Presenti a un intervento: un infermiere esce con un secchio e getta il sangue contenuto nel bugliolo, in un fossato. Uno dei chirurghi intanto fumava in sala operatoria. Inoltre, visto in diretta: feriti della Securitate in terapia intensiva: i tubicini che erano applicati ai corpi dei feriti portavano i liquidi spurgati a delle provette che altro non erano se non bottigliette vuote di bibite.

L'esperienza romena ebbe un seguito a dir poco curioso. Rientrato in Patria, il <marinaio> riprese la normale attività di servizio quale inviato speciale del GR/RAI. Passò del tempo tra servizi su clandestini provenienti dall'Albania, pattugliamenti notturni in Adriatico e nel Canale d'Otranto, fino alle acque territoriali albanesi e greche, a bordo di motovedette della Guardia Costiera e della Guardia di Finanza, per intercettare con il radar i gommoni stracarichi di clandestini e segnalarli via radio alle forze dell'ordine che pattugliavano le coste nei punti più facilmente adatti agli sbarchi; viaggi all'estero per inchieste su falsari, traffico di valuta , traffico di organi umani, criminalità organizzata e altro che non è il caso di specificare ... Poi, settimane dopo, accadde un fatto strano. Prima di un colloquio con l'Ammiraglio comandante il settore pubblica informazione, per avere l'autorizzazione a un determinato contatto, il <marinaio> si avventurò all'interno del Ministero e sulla base di una indicazione bussò cortesemente ad una porta e avuto il permesso l'aprì entrando: si fermò quasi subito, sorpreso e stupito; era una camera da letto ed entro il letto, ma vivace e sorridente, vi era l'ufficiale psicologo F.S. che lo accolse con un "che fortuna incontrarti". Per l'ufficiale non era una sorpresa vedere il <marinaio> in quell'ambiente, lo era per il <marinaio>. Che ci faceva F.S. in casa della Marina Militare Italiana? A che titolo era lì un ufficiale superiore della marina romena? Apprese così che l'amico romeno era appena sbarcato da una unità, tra le più recenti, della marina italiana, reduce da una esercitazione NATO nei mari del Nord Europa. La situazione era imbarazzante, ma nel contempo estremamente interessante; ne pose fine l'improvviso ingresso dell'ammiraglio che con noncuranza tolse dall'impasse il <marinaio>, quasi imponendogli con la sua sola presenza di smetterla di riflettere e di porsi domande, congelandone la curiosità professionale.

Mentre percorrevano lentamente gli ampi, lunghi,monotoni, severi corridoi ministeriali per raggiungere l'ufficio dell'Ammiraglio comandante, questi gentilmente mormorò: " Hai visto qualcuno?"

Il <marinaio>rispose con un flebile, ma eloquente, "Signorno".

"Puoi andare", concluse l'Ammiraglio.

RIFLESSIONE

Non ho mai commesso l'errore di tradire il mio istinto. Non mi sono mai pentito di averlo fatto.
Un lavoro difficile da classificare quello della ricerca della verità documentale. L'ostacolo maggiore è sempre consistito nell'ostilità delle fonti ufficiali e dei guardiani degli uffici storici di Forza armata.
Vi sarebbero molti episodi da elencare per documentare la linea comportamentale di tali Uffici, in particolare dell'Esercito e della Marina. L'obiettivo da conseguire, almeno per chi scrive, era quello di documentare correttamente il perché di molte questioni. Sono riuscito a farlo in buona misura nei miei libri (due esempi per tutti: "Una patria venduta" e "I Condottieri della disfatta")
L'indagine richiedeva pazienza, perseveranza, ricerca meticolosa, analisi approfondita dei documenti accessibili e, in particolare, studio dei testi disponibili, anche di autori stranieri (tradotti, ovviamente, salvo che in lingua francese, sufficientemente conosciuta). Purtroppo l'errore di una educazione ottocentesca dominata dalla tradizione di una famiglia con trascorsi aristocratici e con protagonisti di vicende storiche (Risorgimento, testimonianze , episodi della seconda guerra mondiale e ,infine, lunghi periodi della resistenza, Val Camonica,Val Seriana, Val Cavallina, Val Borlezza, Rovetta, Breno, Bossico, Esmate, etc.) aveva impresso nella mente e nel carattere dell'ultima generazione, il bernoccolo della correttezza, il germe della sincerità, l'amore assoluto della verità, e –prima di ogni altro- l'onore.
Impossibile violare quel principio. Dapprima l' imponente biblioteca della Famiglia di cui si è detto in altro lavoro. In seguito, dove possibile, i documenti degli archivi, unitamente alla biblioteca propria, arricchita costantemente con centinaia di volumi e di collane, memoriali afferenti la seconda guerra mondiale e, ancora, le ricerche nei musei e negli archivi esteri (Germania, Francia in particolare,Belgio, Olanda) a seconda delle possibilità e dei tempi disponibili. Un tipo di ricerca durato anni e per quanto si riferisce ai libri tuttora in essere. Sono stati trent'anni intensi e sotto certa ottica

irripetibili. Con momenti altamente emozionanti. I colloqui con i superstiti di Matapan, di Alamein, del fronte russo...con i piloti che combatterono nei cieli dell'Africa settentrionale e sul Mediterraneo ...

L'obiettivo era comprendere il perché dei tanti sabotaggi degli alti comandi e delle industrie, delle occasioni e delle risorse tecnologiche sprecate. E si è tentato, alcune volte con successo, di documentarle, senza mai dimenticare di evidenziare i limiti intellettuali e professionali degli alti comandi e la correlata misera povertà di competenza tattica e strategica. Non senza avvertire l'amarezza e soffrirne l'umiliazione e persino dovendo controllare la rabbia quando le richieste di consultazioni di determinati documenti veniva negata o <svicolata> con la scusa della mancanza di personale, con l'assenza di riordino degli archivi causa il taglio dei fondi. Come se non fossero trascorsi alcuni decenni dalla fine delle ostilità.

Subentrava un senso di profonda delusione, la sensazione di vuoto, ua nausea indicibile nei confronti della realtà nella quale si era costretti a vivere e a lavorare.

Si era raggiunta la prova provata di quali e quante porcherie erano state collezionate e trasferite in documenti di Storia e non vi era la possibilità di denunciare simili mascalzonate e proclamare quale fosse la verità.

Ebbi anche qualche riconoscimento, oggettivo, da parte di lettori e di personaggi di primo piano che avevano vissuto quel periodo, ma anch'essi circospetti, celati dietro la riservatezza. Il che era anche peggio.

Verità stuprata.

La realtà, nel frattempo imponeva problemi di altra natura.

Immigrazione selvaggia e impotenza politica. Sono i due estremi di una situazione che si trascina da oltre vent'anni, da quando nel 1990 si ebbero le zattere degli albanesi e le folli invasioni di clandestini con le punte del 1997, con sedicimila albanesi, con il contributo di irakeni, bielorussi,moldavi, romeni , irakeni ed egiziani,sbarcati a Brindisi nel febbraio/ marzo di quell'anno, in poco più di trenta giorni.

Nell'occasione D'Alema dichiarò ai microfoni del Giornale Radio della RAI, che 500 sbarchi al giorno erano un'inezia per un grande Paese come l'Italia. Ma lo stillicidio è proseguito e prosegue, con lo scandalo di Lampedusa e nulla di concreto è stato fatto per rallentare se non far cessare gli sbarchi di clandestini ora classificati migranti, termine molto più accettabile e addirittura fascinoso. I paesi da dove i clandestini provengono,(nessun controllo sulle provenienze dal sud del Sahara) tollerano, se non favoriscono ogni forma di illegalità, e sostanzialmente pretendono di ricevere dall'Italia contropartite di vario genere, per imbastire una forma estremamente, sostanzialmente blanda e per nulla efficace di controlli e di contromisure, mentre il mercato dei trasbordi clandestini già florido, si dilata a vista d'occhio. Siamo sotto costante minaccia e si improvvisano politiche ridicole, subendo la protervia di quanti affermano essere un dovere l'accoglienza e la solidarietà e senza affrontare la questione alla radice, facendo intendere ai governi dei paesi dove l'immigrazione prospera, che non si intende subire ulteriormente il ricatto morale. Gli sbarchi sono una forma di aggressione economica e politica. Servono contromisure decise: I barconi si avvicinano alle nostre coste: ebbene si rimorchiano e si riportano all'origine. I clandestini si gettano a mare'. Gli si avvertano: facciano pure: si forniranno canotti con viveri e acqua e buoni remi. Nessuno ha mai fatto il conto esatto, dei milioni di euro e dei vecchi e rimpianti miliardi di lire, costati e che costano ai contribuenti , in termini d i controlli a mare , interventi di soccorso e per l'accoglienza vera e propria nei vari centri ? Non si aspetti che i barconi fatiscenti vengano avvistati a qualche decina di miglia dalle nostre coste, ma si intervenga appena al di là delle acque territoriali tunisine di altri paesi nord africani da dove salpano i barconi controllati da organizzazioni criminali ch speculano cifre enormi su questo traffico.

Forse che dalla Tunisia la gente fugge perché perseguitata? pare proprio di no? I tunisini vogliono raggiungere la Francia e il Belgio o la Germania? Seguano le procedure normali:richiesta di visto , se previsto. Richiesta di ricongiungimento e il tutto in regola con documenti validi e verificabili. Altrimenti li si riportino senza indugio a casa loro. Si faccia il viaggio al contrario e si rimbocchino

le maniche e si mettano a lavorare seriamente. Piaccia o non piaccia
ai governi dei paesi nord- africani e li si metta in mora . Ci sono
vincoli di norme internazionali? Si denuncino e si pretendano le
necessarie modifiche.

Come si spiega che Spagna , Francia, nonché Grecia e Turchia
non sono afflitte da tale flagello?

INCONTRO CON LA STORIA

Accade poi che si incontri la Storia, sì, quella vera con la S
maiuscola.

Aveva il volto di un uomo di mezza età, con uno sguardo triste e
un velo di solitudine. Il suo none era Pasquale Caso, ma per gli amici
era Lino Caso.

Così lo ricordavano i commilitoni che lo scrivente incontrò a Trieste,
durante le indagini per <catturate> Lino Caso, marinaio,
sommergibilista, se si ricorda bene, catturato dai tedeschi dopo il
famigerato 8 settembre, unitamente a moltissimi altri militari italiani
e deportato non in Germania, bensì sul fronte russo, con l'incarico
di svolgere lavori d manovalanza per il potenziamento del sistema
difensivo germanico in quel tratto di fronte, in terra bielorussa. A
meno trentacinque gradi centigradi …

La ricerca era scaturita dal un servizio trasmesso da Mosca dal
collega Mark Innaro, che aveva scovato, con molta fortuna, una
donna russa che nel 1944 aveva tratto in salvo un militare italiano
prigioniero dei tedeschi e addetto al lavoro di manovale lungo la
linea del fronte. Quale la dinamica?

Un terribile bombardamento scatenato dall'artiglieria sovietica
aveva travolto l'ex militare italiano, seppellendolo letteralmente
sotto l'urto di un'onda di terra sollevata dalle esplosione delle
cannonate. Quando il martellante attacco ebbe una pausa, la donna
ovviamente terrorizzata, scorse parte di un braccio che affiorava dal
terriccio ancora fumante e dopo il normale momento di paura,

afferrò quel braccio traendo dalla sua probabile tomba il militare italiano.

Quell'ex militare italiano, salvato dalla donna russa e rimasto rifugiato presso di essa, riuscì poi con l'aiuto della donna e delle sue conoscenti a lasciare l'Unione Sovietica a raggiungere prima l'Austria e infine Pola, sua città di residenza.

<Le donne russe mi nascosero sotto le loro lunghe e larghe sottane quando la polizia politica perquisì il vagone merci dove eravamo> raccontò Lino Caso all'intervistatore.

Si trattava proprio di Lino Caso che in seguito abbandonò Pola e l'Istria, non più italiane, e si trasferì a Napoli, dove chi scrive lo rintracciò dopo una lunga e difficile ricerca. Lino Caso gestiva un negozio di carabattole varie: pezzi di presunto antiquariato, quadri, stampe, mobiletti intarsiati, oggettistica indefinibile. Eravamo in un angolo di una specie di caravanserraglio, e stavamo ricostruendo una pagina di guerra e di storia. Lino Caso pareva udire ancora il frastuono terrificante dell'artiglieria sovietica e sicuramente le esplosioni a raffica dei razzi lanciati dalle micidiali Khatiushe. Ricordava la delicatezza e la gentilezza della donna russa, ma non pronunciò il suo nome, né disse altro dei loro rapporti, se non che si erano affezionati pur nell'impossibilità di comunicare e di esternare i propri sentimenti. Socchiudeva gli occhi e aveva un lieve tremore nella voce, segno di una commozione latente. Poi cambiava discorso repentinamente, scacciando le ombre dei ricordi.

L'incontro durò a lungo: Lino Caso narrò, al microfono del GR/Rai e con molti particolari, la sua incredibile vicenda, ma tutto finì lì perché la direzione del GR. non volle sponsorizzare un possibile incontro tra la donna russa, ancora vivente e l'ex marinaio. Purtroppo, quella direzione, come in genere tutte, non manifestò alcun interesse per l'iniziativa e la vicenda di Lino Caso divenne un servizio radiofonico e rimase un vago appunto nel curriculum. Ma non, ancora oggi, nella memoria di chi scrive.

Non furono pochi gli incontri con la Storia negli oltre vent'anni di giornalismo in prima linea. Né si vuole indulgere sugli episodi. Uno di essi, tuttavia merita spazio in questo viaggio della memoria. La storia di una nave, la Laura C.

Anche questa, Storia, con la S maiuscola. Racchiusa anche in un libro.

L'indizio scaturì da una notizia alquanto approssimativa. Qualcuno scrisse o disse che la criminalità organizzata, e si lasciò sottintendere la 'ndrangheta- avesse recuperato dell'esplosivo dal relitto di una nave, usandolo per gli attentati di Roma e Firenze. Naturalmente l'eco fu enorme:una polveriera a disposizione della criminalità, una nave?quale nave? e dove?

Il vice direttore del GR/RAI Testi, Sandro, se ricordo bene, ma non mi pare…, mi convocò e mi ordinò seduta stante di interessarmi della faccenda. "Fatti fare il foglio di viaggio, fatti dare un acconto e vai giù …" Giù era la Calabria", perché a quanto risultava, il relitto che sarebbe stato la polveriera della criminalità, era affondato nel 1941 silurato da un sommergibile di Sua Maestà Britannica e colato a picco a poche centinaia di metri dalla costa calabra, quella orientale bagnata dallo Jonio.

Non posi tempo in mezzo. Meno di venti oltre dopo ero a Saline Joniche e mi interessavo della vicenda dopo aver parlato telefonicamente con la Marina Militare e il Comando Generale dell'Arma, tanto per avere l'opportuna copertura.

Avevo avuto fortuna, in una libreria sotto Porta del Popolo, avevo trovato un libro che parlava dei sommergibili britannici nel Mediterraneo nella Secondo Guerra Mondiale e dove era citato il sommergibile Upholder, protagonista numero uno di quella battaglia ai nostri convogli diretti in Africa Settentrionale e affondatore del mercantile Laura C.

La fortuna mi accompagnava nel mio lavoro, lo dissero persino i tecnici radiofonici con i quali sovente facevo squadra, sia in Italia, sia all'estero.

A Saline Joniche incontrai e intervistai un vecchio palombaro, il primo che, 1941, si immerse sullo scafo della Laura C. da poco affondata. Si immerse sino a 35 metri non di più in quanto era vietato dagli armatori che volevano tutelare il carico e impedire un saccheggio. Ma la parte importante del carico, 1.500 tonnellate di esplosivi, era rinchiusa nelle stive che si trovavano a cinquanta metri di profondità.

Nel libro si leggono i documenti ufficiali, quelli stilati dalla Regia Marina e che io conservo gelosamente. La Laura C. aveva una sua storia segreta, i siluri le avevano squarciato la carena, e così il mare si era avventato al suo interno, ghermendola.

Per decine di anni nessuno si era interessato a lei, poi d'un tratto, divenne protagonista di ipotesi assurde,di retroscena fantastici, mentre la verità era molto semplice. Ancora conflitto durante si era provveduto a incaricare una ditta specializzata in recuperi marini per trarrei superficie il carico, quanto di più composito. Da caschi coloniali a brillantina, lucido da scarpe, macchine per scrivere etc. vi erano addirittura documenti che elencavano i tipi di esplosivo: balistite, dinamite … E la loro collocazione a bordo del mercantile. Una parte degli esplosivi era sostanzialmente raggiungibile da palombari esperti, quindi, recuperabile, ma non si riuscì a sapere di più. Le medesime autorità locali contribuirono a rendere difficile l'inchiesta. Per impedire il <furto> di esplosivi provvidero a coprire la parte più immessa del relitto con colate di cemento così impedendo l'accesso alle stive...

Scese il silenzio. Della Laura C. nessuno ne ha più parlato. Il relitto giace sempre a poche decine di metri dalla costa calabrese sulla direttrice di Capo dell'Armi,e nei pressi della foce di un torrente che in zona classificano <fiumara>. Che ha scaricato e scarica in mare liquami e porcherie varie. Avrà anche un nome, che non ricordo e non mi incuriosisce. Ricordo vagamente lo scenario: una spiaggia, se così si può definire, sassosa, inospitale e alle spalle sopra una scarpata aspra e disadorna, la strada statale, cespugli, zolle disuguali, rara vegetazione. Unica curiosità degna di nota. Nelle vicinanze sorge un piccolo albergo che reca sulla sua facciata il segno di un colpo di cannone sparato dalla flotta borbonica, che tentava di colpire Garibaldi, mentre l'Eroe dei due mondi riposava tra un combattimento e l'altro. Sembra incredibile, ma pur dopo il molto tempo trascorso, la ferita inferta dal proietto inerte era ben visibile. Una rarità conservata a memoria di un tempo, in cui l'Italia aveva un senso e un valore. Per quelli che l'hanno tenacemente voluta .

Una nave come tante, quelle che sono scese negli inferi della fine squarciate da siluri, da cannonate, bruciate, esplose, uccise in una guerra senza onore. All'origine delle tragedie, le delazioni, il tradimento, il doppio gioco, infame.

La fine della Laura C. non era la vittoria del sommergibile britannico, ma la superficialità del comando navale italiano, che non assicurava ai mercantili e ai convogli la dovuta protezione, la costante copertura aerea, la forte difesa antisom, né aveva mai pensato, studiato, progettato addestrato le forze indispensabili per assicurare una traversata entro gli indispensabili margini di sicurezza ai convogli che trasportavano in Africa Settentrionale i rifornimenti vitali alle forze italo -germaniche colà schierate contro le truppe dell'Impero Britannico.

Una vicenda amara, triste, agghiacciante, una pagina come tante , troppe, tra il 1940 e il 1943.

DOCUMENTI

Il divenire di una esperienza è cadenzato anche dai giudizi e dai pareri espressi dalla critica. Siamo quindi al cospetto delle valutazioni degli esperti. Tappa essenziale di una vita dedicata all'informazione e alla ricerca.

Si fanno seguire, qui, tre documenti, tre recensioni, ma chi lo ritenga opportuno potrà ampliare la ricerca e integrarla.

Da "Rivista della Cooperazione Giuridica Internazionale", (Maggio-Agosto 2008)
(Pagg.290-291)

"Il testo di Pietro Baroni ("La guerra dei radar, il suicidio dell'Italia 1935-1943)
si pone immediatamente all'attenzione del lettore per la estrema chiarezza espositiva e per il dettaglio della ricostruzione storico-scientifica delle vicende che portarono il nostro Paese ad essere tra i primi, e spesso il primo, a disporre di strumenti bellici ad alto contenuto tecnologico.

Sin dalle prime pagine del testo si sottolinea, con il piglio dell'inchiesta giornalistica, la drammatica e paradossale divergenza tra i progressi tecnologici raggiunti dagli scienziati italiani e l'inadeguatezza delle gerarchie militari nel percepire l'importanza e il reale contributo scientifico che le scoperte degli scienziati italiani avrebbero potuto apportare alla causa bellica.

Considerando che la seconda guerra mondiale è stata il primo conflitto tecnologico della storia, (la prima guerra mondiale era stata una guerra di trincea),e che il secondo conflitto mondiale fu concluso con l'impiego della bomba atomica, arma nata dalla mente e dalla ricerca di uomini di scienza, anche e soprattutto italiani (forse solo di nascita e non di sentimenti), l'Autore ricostruisce con dovizia di particolari le diverse fasi delle ricerche scientifiche che portarono l'Italia a possedere strumenti bellici di gran lunga più innovativi rispetto a quelli utilizzati dalle forze nemiche, sottolineando in più occasioni la lungimiranza degli scienziati italiani nell'ipotizzare l'utilizzo dei loro studi per la difesa del Popolo italiano.

La natura innovativa dell'indagine seguita da Baroni stravolge il punto di vista di molti avvenimenti bellici che devono essere riletti alla luce di quanto messo in evidenza nel testo.

L'Italia dispose di un sofisticato sistema di radar di gran lunga più avanzato ed innovativo rispetto a quelli posseduti dai nemici, ma non se ne servì.

L'Autore con lucidità esamina tutti i diversi motivi che compromisero il cammino della ricerca scientifica ne sabotarono lo sviluppo e l'utilizzo pratico, senza tralasciare nessun aspetto: l'ignoranza, l'arroganza, gli oscuri interessi gli scenari politici e industriali.

L'opera di Piero Baroni costringe il lettore a valutare in una nuova luce il ruolo che l'Italia avrebbe potuto svolgere durante il conflitto mondiale e si comprende come le sorti della guerra siano spesso determinate da molteplici aspetti a volte nascenti da sensazioni irrazionali, come il complesso di inferiorità che colpì le alte sfere militari italiane nel valutare le conoscenze tecnologiche raggiunte dagli altri Stati belligeranti.

Grande merito va riconosciuto all'Autore per aver portato all'attenzione aspetti celati dal prevalere delle vicende dominanti e nell'aver contribuito alla ricerca della verità storica degli avvenimenti della seconda guerra mondiale, inserendo un importante tassello nel grande mosaico di una onesta e credibile ricostruzione della storia recente. (G Pascale).

Da "La Sicilia", recensione di "Clandestino in Rai, Giornalista senza d.o.c." .

"Avete avuto sempre il sospetto che l'informazione Rai sia un interminabile carosello di verità apparenti e di sostanziale propaganda? Che l'avvilimento del Paese a base di veline, canterini, masse popolari in attesa di vacanze e del superenalotto sia dovuto principalmente all'insegnamento dei telegiornali basati sulla quotidiana polpetta spacciata come essenza di vita? Ecco il libro che fa per voi. Non un libretto (oltre seicento pagine scritte fitte, con aggiunta di documenti dello Stato Maggiore dell'Esercito, di interviste originali, assolutamente fuori dal coro, di ricordi personali di qua e di là del mare) ma una solida requisitoria. Scritto da uno che ha lavorato per decenni in Rai e ha visto sul nascere le folgoranti carriere della <*consorteria di giornaliste donne, fortemente impegnate ad ampliare le sfere di influenza e il controllo del territorio>*. Testimone in prima persona dei fattacci dell'Achille Lauro e della Somalia, Piero Baroni in <*Clandestino in Rai. Giornalista senza d.o.c.>,* (edizioni Settimo Sigillo, Roma,2003; 606 pagine 38 Euro), racconta senza finzioni e superiori censure ("Al GR.1 vigeva un ordine perfetto. Gerarchia ferrea, controlli accuratissimi,filtri spietati ...>). Con coraggiosa fermezza, contro la marmaglia: <*Zelanti, ottusi, opportunisti, prezzolati lacché, incaricati di mistificare la realtà e di fabbricare notiziari ad usum delphini...>* Ci sono scorci di cronaca importanti per chi vuole rendersi conto del mondo in cui viviamo (un po' di panem e tanti cincerses), ma anche per gli storici, come quando racconta della decisione di fare partire Abu Abbas, noto terrorista responsabile di efferati delitti, <*con un aereo di linea, indossando la divisa di uno steward>*. Decisione dell'allora governo (c'erano di mezzo ministri e ambasciatori italiani, prefetti e consiglieri), ma soprattutto spericolata manovra di imbonimento per un popolo ritenuto eternamente stupido e incapace di capire. Dettagli duri sulla diffusione dell'AIDS (altro che concerti For Afrika), incontro con gli apparatniki (*"Condoglianza di maniera, frettolose e distratte, cordoglio artefatto, manifestato a beneficio delle telecamere ..."*, parole dure contro un modo di operare nell'informazione che sembra servilismo d'obbligo sotto una dittatura: <*personaggi viscidi, voltagabbana, delatori, saltimbanchi, nullafacenti, doppiogiochisti...>*. E riporta nomi e cognomi, di quelli che furono e di quelli che sono tuttavia, salvo qualche salutare sberleffo di Striscia la Notizia.

Insomma, un libro denso di cose e di persone, dal contenuto acido e dalla tonalità indignata che diventa elegia nel ricordo degli amici veri, come quello a quattro zampe, affettuosa presenza anche dopo la dipartita <*per gli azzurri spazi dell'eternità>*. ("Un clandestino in Rai INFORMAZIONE POLITICA E CENSURE" di SERGIO SCIACCA").

Da la "Rivista Marittima", febbraio 2012, Recensione de "Il Principe con le Ali", Macchione Editore, Varese, 2009- pagg. 260 Euro 20.

"Giornalista di grande prestigio, inviato speciale e di guerra per la RAI anche nei vari teatri in cui hanno operato i nostri reparti, in missioni di pace anche rischiose. Piero Baroni è ben conosciuto negli ambienti delle Forze Armate per aver condiviso con i nostri militari pericoli e avventure. Molti lo ricordano in Golfo Persico,in Somalia, in Albania, in Kosovo, ma anche per l'attenzione per altre emergenze, come quella delle migrazioni <selvagge>, nelle cui telecronache ha sempre mostrato rigore e obiettività rifuggendo da quegli ideologismi che troppo spesso colorano i <servizi> dei suoi colleghi. Queste sue qualità, infrequenti anche nei giornalisti in veste di storici, traspaiono chiaramente pure nelle sue varie opere di analisi critica e storia militare, tra le quali mi piace ricordare, in particolare, *La guerra psicologica, Obiettivo Mediterraneo e La Vittoria tradita.*
Eccolo, ora, a una nuova prova oltremodo convincente. Questa volta la sua indagine si è orientata su di un autentico Eroe della Prima Guerra Mondiale, quel Fulco Ruffo di Calabria che avrebbe portato nelle sue imprese belliche la <gran bontà dei cavalieri antiqui>.
Nato da un'antica nobilissima famiglia calabrese-napoletana, educato come convittore nell'allora prestigioso Collegio Mondragone, al conseguimento della maturità classica compie un anno di servizio militare come Ufficiale dell'XI Reggimento Cavalleggeri di Foggia. Congedato, verso la fine del 1905, il suo vivace spirito d'avventura, che pur nasconde nell'atteggiamento sempre gentile e modesto che è proprio del gran signore, lo induce a ripudiare la vita di agi e lussi che molti giovani del suo rango all'epoca prediligevano e se ne va in Africa Equatoriale, dove assume l'incarico di agente, e poi di vicedirettore della compagnia italo-belga Wegimont, che gestiva navigazione e commerci lungo il corso del Giuba.
All'attività professionale affianca un'intensa vita avventurosa, fatta di esplorazioni anche in zone allora mai ancora penetrate da

Europei, cacce grosse, rischi talvolta notevoli: un suo compagno d'avventure, tale de Marneff, sarà divorato dai coccodrilli!.

I drammatici eventi che preludono allo scoppio della Prima Guerra Mondiale lo sorprendono in Italia, dov'era rientrato per raccogliere finanziamenti onde avviare un'impresa sua propria. Pur restando da principio neurale, l'Italia si prepara a un probabile coinvolgimento nella fornace del conflitto, e deve rimpolpare i quadri delle Forze Armate. Nel settembre del 1914 il principe è richiamato in servizio in Cavalleria, ma viene, a sua richiesta, destinato al battaglione Squadriglie Aviatori. Il suo spirito di avventura, di cui ha dato tante prove in Africa, lo portano ad affrontare la sfida nuovissima del volo: una sfida nella quale si rivela subito vincente, dimostrando di possedere un talento innato per questa allora quasi inedita attività bellica.

Attività che era, allora, agl'inizi appunto, e che non era stata ancora compresa nelle sue enormi potenzialità: si riteneva che il mezzo aereo dovesse essere impiegato principalmente per l'osservazione del campo di battaglia ai fini della correzione del tiro delle artiglierie e- forse- al massimo per scagliare bombe a mano contro le truppe terrestri avversarie (se n'era fatta esperienza in Libia, nella Guerra Italo-Turca). Furono, dunque, gli stessi aviatori a concepire l'idea della caccia, cioè del duello aereo che avrebbe caratterizzato la guerra aerea di lì a poco.

Ruffo di Calabria consegue il brevetto di pilota nell'agosto 1915, dopo un corso contrassegnato anche da esperienze acrobatiche che qualche segno lasciarono sulle rudimentali macchine volanti del tempo. Il 1° ottobre viene assegnato alla IV Squadriglia di Artiglieria (sic!) in zona operazioni.

Nel febbraio 1916 guadagna la prima medaglia di Bronzo, non ancora in duello, ma per l'efficace direzione del tiro delle nostre artiglierie sul Basso Isonzo. Seconda medaglia di bronzo nell'aprile, quando è ormai entrato a far parte della II Squadriglia.

Ma la sua aspirazione, davvero da <cavaliere antiquo>, è quella di entrare a far parte della caccia, insistente allo scoppio del conflitto, ma che si va affermando come missione specifica per il mezzo aereo.

Dopo il passaggio di macchina su di un *Nieuport-Bebé* (o come chiamato dai suoi piloti *Nieuportino*) conseguito alla scuola di volo di Cascina Costa, Fulco si sente finalmente realizzato pienamente. Presto il suo carniere si arricchisce di altre due medaglie di Bronzo, poi arriva la prima d'argento nel settembre 1916, e la seconda nel maggio 1917. Sprone continuo alle imprese anche la colleganza con quel manipolo di eroi cui fa parte: per tutti un nome: Baracca! Alla morte in combattimento di costui, avvenuta il 19 maggio 1918 sul Montello, gli succederà al comando della 91.ma Squadriglia, divenuta "Squadriglia Baracca".

Senza seguire ancora dettagliatamente tutte le imprese aviatorie del Nostro, basti ricordare che il suo medagliere, alla fine del conflitto, sarà costituito da una medaglia d'oro, due d'argento e quattro di bronzo, oltre a due promozioni per merito di guerra e alcune ricompense belghe e francesi.
Congedato nel 1925, riprende la sua attività di uomo d'affari e agricoltore. Nel 1934 è nominato Senatore del Regno. Si spegne in un sua casa a Ronchi d'Apuania, il 23 agosto 1946.
Se i limiti imposti a una recensione impediscono di seguire con ancora più accuratezza e più in dettaglio la vita del principe, non voglio comunque omettere due ulteriori annotazioni.

La prima riguarda il rapporto di sincera amicizia che s'instaura con un nemico abbattuto, ferito e fatto prigioniero. Si tratta dl conte Guillaume Siemienski, un osservatore polacco (evidentemente galiziano) ricoverato presso l'ospedaletto militare di Remanzacco. Ruffo lo va regolarmente a trovare, si assicura che sia assistito al meglio, gli suggerisce di scrivere alla madre per tranquillizzarla sulla sua sorte:sarà sua cura di lanciare il messaggio oltre le linee nemiche. Nel 1919, del tutto inaspettatamente, i due s'incontrano in un salotto parigino, rivedendosi col calore di due vecchi compagni d'arme, come se non avessero militato su fronti avversi.

L'altra sottolineatura che intendo fare ancora una volta, riguarda l'accuratezza dell'indagine fatta dal Baroni. Nel libro si rinviene una dovizia di riproduzioni di documenti originali, talvolta riprodotti in *fac-simile*, che attestato il rigore della ricostruzione storica, un rigore in cui, ahimè, è sempre più raro imbattersi nello sfogliare libri che vengono gabellati per opere di Storia (con la<S> maiuscola), e spesso sono solo scopiazzature. (Renato Ferraro).

Patrimonio inestimabile di un giornalista degno di tal nome, è la sua rete di conoscenze accompagnata dalla stima e dalla considerazione degli interlocutori.

Una rete che si forma poco a poco, nel tempo e si consolida nella tenacia e nella continuità del lavoro e dei rapporti. Riservatezza, misura, tatto, sono i requisiti indispensabili, per consolidare i rapporti, che non devono mai, in nessun frangente, travalicare la natura medesima del rapporto, pena il dissolversi di quel magico ingrediente che forma il substrato dell'amicizia e della considerazione entro cui vivono e si alimentano la reciprocità e l'unicità del potersi fidare e capire al volo.

Quando l'attività si esaurisce e si <va a casa>, rimangono i ricordi, le profonde sensazioni che scaturiscono dal pensiero e dalle immagini che riempiono la mente, mentre nel silenzio con se stessi e nell'isolamento totale dalla realtà che indifferente si trascina, il passato riemerge poderoso e si incunea nel cervello, facendo rivivere le vicende, con i volti, i suoni di allora lasciandoti spossato, sfinito, ma donandoti la forza di andare avanti. Illusione, d'accordo, ma infondendoti la certezza di avere costruito qualcosa, almeno una traccia di concretezza, cui ti aggrappi sfuggendo alla disperazione della solitudine.

Allora corri a perdifiato lungo i declivi dei ricordi che come onde gigantesche si lasciano scorgere dalla sommità dell'immagine precedente per afferrarti e trasportati nel vuoto dove si annidano gli echi delle parole pronunciate con l'onestà pura della devozione.

C'è un fattore comune in una attività convinta quale quella di un inviato speciale: la solitudine.

Una meditazione che scaturisce dalla riflessione. Agisce in profondità inducendo l'intero procedimento formativo del processo costruttivo del progetto a isolarsi completamente, suggerendo, ed è questa la fase più delicata, a colloquiare con se stessi, imbastendo un vero e proprio dialogo vocale. Quando poi lo scenario si anima dei ricordi, e le immagini entrano a far parte del disegno, si è di fronte al momento di scrivere, di concretizzare, di esternare e fissare così i pensieri in un costrutto effettivo in cui vi siano tutti gli elementi necessari a dare statura e contenuto al tutto.

Tra le conseguenze più evidenti, ancorché incomprensibili, la diffidenza dell'ambiente: l'inviato viene osservato con circospezione, non gli si concede confidenza e cordialità, lo si tratta con sospetto ed egli stesso avverte tale situazione, quasi udendo le domande che i <colleghi> (ma sono ancora tali?) si pongono istintivamente: per chi lavora? chi sono i suoi referenti? cosa sa e non dice? diffidenza, dubbi configurano, alimentano un clima di sfiducia, si avverte il distacco e il clima risente dell'assenza di franchezza. E alcuni attendono e auspicano un<flop>, un errore, una nota stonata.

Quando egli si presenta in sala di montaggio radiofonico con i vari nastri delle interviste raccolte e già i punti necessari all'utilizzo nel servizio risultano evidenziati onde facilitare il lavoro del tecnico, il medesimo in seguito ne fa commento con i suoi colleghi e le domande che ne discendono sono intuitive quanto sgradevoli: cosa altro c'è in quei nastri? Perché è così meticoloso che ti fa sentire solo quello che vuole? E del resto cosa ne fa? Lo consegna a qualcuno? Dicono che i suoi capi non siano in Rai? Sono pettegolezzi o c'è del vero?

Sull'altro versante, quello dell'inviato, la riservatezza è d'obbligo anche se suscita ritegno, sospetto, perplessità, scetticismo, anticamera, come si è detto, della sfiducia. Sembra che l'inviato faccia parte di un'altra dimensione, in realtà egli dialoga con se stesso e con gli interrogativi di fronte ai quali si trova nel procedere nell'indagine, nella ricerca. L'obiettivo è al di là di altra prudenza, di altra cautela, quella delle fonti, non sempre aperte, chiare, limpide; sovente reticenti, sfuggenti, soltanto allusive, ma non definite. Ecco allora l'esigenza dell'analisi intima, del riflettere riascoltando le interviste, collegandole, magari, con altre esperienze, con altre voci. Da lì discende il lavoro preparatorio, al fine di riuscire a confezionare uno <speciale> di vari minuti, che risponda alle domande che ne determinarono la realizzazione, domande che furono pronunciate al momento dell'assegnazione dell'incarico dal direttore o da uno dei suoi vice.

L'insieme delle riflessioni, della ponderazione, persino la meditazione formano l'habitat dell'inviato che intenda veramente

avere quelle risposte e trasmetterle a quanti vorranno udire il
<servizio>, lo <speciale>.

Rendere intelligibile l'oscuro di quanto va maturando. Dare
sostanza e contenuto alle domande della cosiddetta pubblica
opinione, alle volte alle sue paure.

In vista della prima guerra del Golfo, agli inizi degli anni '90 del XX
secolo, l'inviato fu sollecitato a raggiungere l'area, ma garbatamente
e argomentando, vi si oppose: chiarì che gli Statunitensi su cui
incombeva il maggior onere, avrebbero impiegato alcuni mesi (e si
era in agosto del 1990) per trasferire in Arabia Saudita (base
logistica naturale) quanto necessario per indurre Saddam Hussein a
non andare oltre le minacce verso il Kuwait, accusato di avere
sottratto petrolio fraudolentemente all'Irak durante gli otto anni di
guerra Irak-Iran.Il rais chiedeva un indennizzo, ma Kuwait
City,come sappiamo, non se ne dette per inteso.

Ebbene: il conflitto scoppiò sei mesi dopo, a metà gennaio 1991,
come previsto. Tra l'estate dell'anno precedente e il dicembre,
l'inviato aveva compiuto un lungo viaggio in Europa, consultando le
sue fonti e precisando ai dirigenti del GR/RAI, via telefono, quali
fossero- in sintesi,ma con assoluta chiarezza- le predisposizioni in
corso e in atto, anche sul tema della guerra chimica, sentendosi
rispondere che, a tale proposito, non era il caso di parlarne nei
servizi trasmessi- e dedicati alla predisposizione del quadro tattico e
ai sistemi d'arma relativi- non parlarne, in sostanza, <per non
spaventare la gente>, che poi manifestò addirittura terrore, ritenendo
reale la minaccia di un conflitto generalizzato con l'impiego di
missili che avrebbero potuto raggiungere il territorio nazionale. Vi
fu, chi non ricorda?, la corsa all'accaparramento di viveri e generi
vari. Panico psicologico, frutto di disinformazione, e di altro che non
fa parte dell'argomento qui trattato.

GLI "SPECIALI"

L'estate e l'inizio d'autunno 1990 non furono utilizzati solo per acquisire informazioni sull'imminente conflitto nel Golfo, le cui origini e svolgimento meriterebbero ben altro spazio, compresa la parte misconosciuta dell'impiego da parte degli irakeni di aggressivi chimici, ma fu dedicata ad altri due argomenti: la prima base missilistica della Storia e la vicenda di Mata Hari, la spia dagli occhi verdi.

La prima base missilistica della Storia fu creata dai Tedeschi nel 1943 nell'Olanda Nord/Occidentale nel quadro dell'attacco di V.2 e di V.1 contro Londra e la zona orientale costiera del Regno Unito. Ma la direzione del GR/RAI negò l'autorizzazione a realizzare uno speciale radiofonico e all'inviato rimane solo il ricordo della visita e l'impegno morale con se stesso di tornare sul luogo, da semplice pensionato.

Per quanto attiene a Mata Hari, invece, l'autorizzazione per lo <speciale> la si ottenne , direi facilmente, e l'impegno venne assolto, mi si consenta di dire brillantemente. Ecco quale fu l'iter realizzativo.

Innanzi tutto la visita a Leeuwarden, nell'Olanda del Nord, la cittadina, caratterizzata da una torre pendente, dove Mata Hari, esattamente Margareth Gertrude Zelle , nacque il 7 agosto 1876. La gente di Leeuwarde ha creato un museo dedicato a quella che viene considerata una spia dell''impero teutonico", sigla <H 21>. L'inviato ha visitato le poche sale dedicate a Mata Hari e ne ha riportato una scarna reazione: molti i libri esposti raccolti in una bacheca con copertura in vetro racchiuso in una cornice molto semplice, le foto classiche di lei in posa di ballo e poi nel carcere, sino alla orribile foto segnaletica del casellario giudiziario e i suoi aguzzini: il pubblico accusatore, capitano Monnet, il giudice che emise la sentenza di morte,Bouchardon, in una posa piuttosto stonata. Era accusata di aver fornito informazioni segrete ai Tedeschi, informazioni che avrebbero causato molti affondamenti, da parte dei sommergibili germanici, di navi mercantili, con preziosi carichi bellici, di aiuti alimentari e di materie prime, in convogli provenienti dagli Stati Uniti e diretti alla Gran Bretagna, perdite che avrebbero, secondo l'accusa, causato le sconfitte di ben tre offensive francesi.

Mata Hari cadde davanti al plotone di esecuzione, il 15 ottobre 1917, nel fossato del forte di Vincennes. Il dossier che la riguarda è segreto di Stato. Potrà essere consultato solo trascorso un secolo dalla fucilazione, cioè nel 2017, ammesso e non concesso che non subisca manomissioni...

Era veramente la terribile spia così conclamata dalla corte marziale francese e da molti autori, oppure –come affermano altri – fu il capro espiatorio psicologico di una Francia in ginocchio sotto il colpi delle armate imperiali germaniche, una Francia piena di spie e di speculatori, di vili e di militari incapaci, e corrosa dalle migliaia di diserzioni di soldati al fronte , nel terribile 1917, stroncate dalle fucilazioni volute da Petain?

Dopo la fine della sua avventura , vi fu chi dichiarò (il procuratore generale Monnet) <che le prove a suo carico "non sarebbero bastate neppure per neppure per fucilare un gatto...">. Era il periodo della paura e della vigliaccheria generale; la Francia, in ginocchio e sanguinante nel suo orgoglio nazionale e nella tanto enfatizzata e umiliata *grandeur a*spettava, ansiosa, lo sbarco delle truppe statunitensi, mentre un Corpo d'Armata italiano schierato a Bligny fermava la grande ultima offensiva germanica (seconda battaglia della Marna, 1918), lasciando sul campo di battaglia, complessivamente, diecimila tra caduti, feriti e dispersi. Sacrificio riconosciuto e onorato, poi, da un grande, il più importante, quotidiano statunitense.

Mata Hari era veramente una spia? Forse neppure il dossier, quando e se sarà reso pubblico, potrà fornire la risposta. Vi saranno studiosi e ricercatori intesi a dedicarsi a tale impegno?

La fase di preparazione al montaggio dello <speciale> su Mata Hari, richiese un certo tempo e molta pazienza. Durante la visita al Museo a Leeuwrden si era riusciti ad avere una documentazione interessante: copia delle lettere che Mata Hari aveva scritto durante la sua detenzione prima del processo e della condanna capitale. Era importantissimo utilizzare diverse frasi di quelle lettere, ma uno speciale radiofonico richiede voci e forse musiche, ma non citazioni scritte e allora? Era indispensabile avere una voce adeguata: dove trovarla? Una speaker della RAI, nemmeno per sogno. Non serviva una voce da conduttrice, il narratore sarebbe stato lo stesso inviato già ampiamente collaudato e, sia consentito, con adeguato successo. Inoltre serviva una voce di persona di lingua madre, francese, tutt'al più. Con inflessioni germaniche, tipica di quanto si ode in Olanda, specialmente in Frisia.

Si ebbe fortuna, la fortuna che secondo i tecnici radiofonici del Giornale Radio della RAI, accompagnava l'inviato nel suo lavoro, come era accaduto, ad esempio, in Romania, in Ungheria, e in alcuni episodi nella stessa Italia.

Infatti l'inviato incontrò una certa persona che gli indicò dove trovare "la voce" desiderate. Una contessa, si, proprio una contessa, francese di nascita e cultura, ma di una famiglia aristocratica di origini germaniche(probabilmente alsaziane) coniugata con un ufficiale amministrativo dell' Aeronautica Militare.

La dama accettò l'incontro e il colloquio e fu veramente interessata, forse anche affascinata dalla proposta, : dare la sua voce alle lettere di Mata Hari. Non ricordo il nome della contessa, ma so di certo che non ebbe il conforto del marito che la obbligò, in seguito, a non accogliere ulteriore richieste di partecipazione a lavori del genere. Un comportamento francamente incomprensibile.

Lo speciale su Mata Hari piacque molto anche all' interno della RAI, pur senza manifestazioni concrete: commenti di corridoio, voci, ammiccamenti che racchiudevano complimenti. Tutto lì. Ma il successo fu un fatto inconfutabile: non si ebbero eccezioni, distinguo o roba del genere.

All' autore rimase e rimane il dubbio sulla colpevolezza della ballerina osé. Fu l'amante, anche occasionale, di ufficiali di varie nazioni, sicuramente anche tedeschi, colse ammissioni, piccoli segreti individuali, ma attribuirle un' attività spionistica del genere(spionaggio tra le lenzuola) alla base dell' accusa davanti alla Corte Marziale(affondamenti di catena di almeno diciassette convogli marittimi alleati da parte degli U-BOOT germanici) avrebbe richiesto una preparazione diversa, occasioni diverse, legamenti ben più solidi di una tempra che Margareta Gertrude Zelle non aveva. Aspettiamo il 2017. A Dio piacendo …

La riunificazione di Berlino(1989), dopo poco meno di cinquant'anni dall' occupazione sovietica del 1945, riservò al inviato un esperienza interessante(ad esempio, l'intervista, tramite interprete, di Willy Brandt) , un ritorno nell'ex capitale tedesca, l'atmosfera irreale della fine di un lungo incubo, i frammenti del muro divenuto gadget per turisti d'occasione, dialoghi con la gente dell' Est(molte interviste) che manifestava timori per un futuro non più garantito, sia pure al livello di semplice sopravvivenza; lunghe file ordinate e disciplinate, davanti all'ingresso delle banche di Berlino per tentare di salvaguardare i piccoli risparmi di marchi della DDR, che in effetti valevano meno di un quarto rispetto ai DM, le procedure per la rimozione e l'eliminazione del Check point Charlie, che aveva racchiuso nel suo significato le tenebre di una grande città e che intendeva ora tornare al suo ruolo. L'impossibile visita del celebre ponte, al posto di confine di Gatow(Berlino), scenario degli scambi di spie tra Est e Ovest. E la gente dell' ovest, incredula e commossa, soprattutto gli anziani, quelli che ricordavano il passato, la presenza dei carri armati dell'Armata Rossa, il blocco, il sorgere cupo e ulteriormente oppressivo del Muro, alcuni ricordavano anche le rabbiose raffiche di kalashnikov che squarciavano la notte e stroncavano i tentativi di fuga dal paradiso sovietico. L'inviato ebbe modi di vedere i cartelli, apposti sul versante occidentale del Muro, con i nomi delle vittime alla ricerca disperata della Libertà e le rovine della Cancelleria e passeggiare del Tiergarten, sino ai resti del'Ambasciata d' Italia non ancora sostanzialmente ricostruita. E ancora, il campanile della Chiesa della memoria, simbolo di un Berlino aggredita dai furibondi bombardamenti aerei alleati e dalle artiglierie sovietiche e ora monito.

Forse il ricordo più struggente, nulla a che vedere con il passato bellico, con la visione delle case sventrate viste da vicino nella prima visita compiuta nella città, tanti anni prima, con la divisione voluta dai sovietici, la DDR, il Muro e finalmente la riunificazione, si riferisce a un fatto semplice e umano.

La ricerca nella notte, la cui alba vide la città riunificata, della nascita del primo bambino nel Berlino non più diviso. Una ricerca che si svolse a bordo di un taxi unitamente all'interprete e con l'inviato proteso alla ricerca del vagito del bimbo per registrarlo e trasmetterlo al Giornale RAI. Impresa riuscita: il bimbo era nato tre minuti dopo mezzanotte all' ospedale della Celeberrima Potsdam, ed era ebreo.

La nemesi storica? Ma questo non lo dissi nel servizio.

Si ebbe anche un ulteriore episodio, mentre l'inviato era alla guida di una vettura di turisti di famiglia, in una precedente autonoma esperienza berlinese, sbagliò strada e imboccò un ramo stradale dove solo le rotaie del tram consentivano la marcia e finì, fortunatamente senza danni, in un breve spiazzo dominato dai resti di un imponente complesso di isolati, squarciati dalle bome sganciate dagli aerei; si fermò e scese; davanti ai suoi occhi increduli e in parte spaventati si apriva uno spettacolo terribile: l' incursione aveva letteralmente tagliato in diagonale l'ala del complesso: si vedevano le stanze degli appartamenti con ancora gli arredi dell' epoca, come se la gente fosse appena fuggita : disordine, roba buttata in qualche modo, tavoli e sedie rovesciati, stoviglie frantumate, porte divelti, sedie fracassati. Si poteva avere l'idea di cosa fosse stata la violenza, la forza devastante delle esplosioni, tutto spazzato via, lampadari mobiletti, lavandini, pareti, soffitti. Pareva, all'inviato, che l'incursione fosse terminata da poco.

Romania, dicembre 1989\gennaio 1990. Il colpo di Stato, non la rivoluzione.

In aereo sino a Vienna e poi su una BMW sino a Timisoara, oltre Arad e poi a Bucuresti, e Constanza sul Mar Nero, spazzato da venti provenienti dai Carpazi a rendere tutto ghiaccio e lugubre visione. Superato il confine tra Ungheria e Romania, in un clima di gelo assoluto, con circa venti centigradi sotto zero , si proseguì, si era con un collega dominato dall' incertezza e dalla paura, faticosamente, ma dignitosamente, dominata, lungo una strada asfaltata, ma coperta da una coltre di ghiaccio. A fianco, lungo tutto il percorso, un autentico muro di corvi, a migliaia, che assiepavano il breve margine oltre l'asfalto e sino al bordo del fossato che fiancheggiava la carreggiata.

Alberi intirizziti con i rami racchiusi in un abbraccio di ghiaccio. Un paesaggio del tutto degno de "regno" dei vampiri.

Si deve ricordare che per telefonare "i servizi" era necessario tornare in Ungheria e segnatamente a Szeged, dove si vide un imponente convento, per nulla danneggiato, isolato o "sconsacrato". Quando dopo parecchi giorni si rientrò in Austria, l'inviato e il collega ebbero il piacere di avvertire un senso di liberazione e di sollievo. Il viaggio sino alle porte di Arad, con l'intermezzo dei posti di blocco dei rivoltosi che imponeva l'alt costringevano ad abbassare i finestrini e infilavano al interno della vettura sino al volto degli occupanti canne di fucili e di mitra, chiedendo da dove si venisse, dove si andasse e chi si fosse, mentre consultavano i passaporti. Nessuna violenza fisica, lo si dove chiarire, ma minacce a non finire se si fosse scoperto o se affiorasse il semplice sospetto che si fosse della Securitate(la polizia segreta fedelissima alla moglie di Ceausescu e formata, lo affermò una fonte in seguito, da orfani cresciuti poi dal partito, e quindi, ci fu detto, persone di tutta fiducia). Mai potuta verificare l'attendibilità della versione.
Il rientro in Austria dopo aver valicato la Cortina di Ferro rimane una delle esperienze più tristi dell'intera vita professionale. Superando le triplici barriere di filo spinato percorse dall'alta tensione, i profondi campi minati, costeggiati dai bunker dalle cui feritoie occhieggiavano le volate delle mitragliatrici, dopo aver percorso un vialetto a serpentina, obbligato, con un fondo in terra battuta, e superato il controllo dei documenti e mostrata la ricevuta dell'avvenuto pagamento (in dollari o DM), al momento dell'entrata in territorio romeno, dell'importo del visto corroborato dai timbri sul passaporto, si apriva la libertà, assaporando il senso intimo della certezza. Non ci si volse indietro, ma si accelerò e il potente motore <Made in Germany> salutò il momento con uno scatto imperioso, che parve voler far decollare il mezzo e i suoi occupanti.

Dopo i momenti di tensione, si affacciarono le immagini colte istantaneamente durante la marcia verso l'obiettivo della missione: una lunga fila di vetturette a due tempi in attesa del rifornimento di carburante, un'attesa infinita alla quale fortunatamente non dovemmo assoggettarci, uno stretto passaggio attorno a una casupola di campagna, con il classico folto tetto di erba, tipo Normandia, sulla cui aia incrociammo alcune oche che ci colsero starnazzando e battendo disperatamente le ali nel vano tentativo di levarsi in un volo liberatorio. Temesvar o Timisoara ci colse in un silenzio mortale. Un lento procedere in una cittadina sostanzialmente deserta, caratterizzata da gruppetti di persone umilmente vestite e con sguardi spenti e resi vividi dalla curiosità nel vedere così da vicino una grossa e potente BMW targata Austria. Quella persone, vi erano anche alcune donne, parevano discutere, pacatamente, davanti ai carri armati che presidiavano i punti nevralgici. Non vedemmo militari armati di fucili mitragliatori. La sensazione era quella dell'incredulità e dell'attesa. Sullo sfondo di una strada abbastanza centrale apparve, come fosse uno scenario, il profilo di una chiesa. Procedemmo a passo d'uomo, fiancheggiati da carri armati posteggiati a spina di pesce con dei fiori che ornavano le bocche da fuoco. In una piazzetta che ci parve un isola di tregua ci si avvicinò un ragazzetto che in inglese chiese sigarette. Lo facemmo salire e sedere sul posto a fianco del conduttore. Gli feci omaggio di un pacchetto appena cominciato di Marlboro e lui, con le gambette accavallate e ben comodo nel sedile, fumava tranquillamente indicando con gesti il percorso. Si pavoneggiava, sorridendo a quanti si volgevano per osservarlo quasi ritenessero la scena un fuori programma inverosimile. Qualche attimo di felicità. All'apparire di una piazza di grandi dimensioni fece cenno di voler scendere e lo accontentammo. Ci indicò la direzione da prendere per tornare verso Arad ,dovevamo tentare di telefonare i servizi per i Giornali Radio Uno e Due, e riprendemmo, il nostro cammino, anche noi increduli. Ma per metterci in contatto con gli studi dei Giornali Radio fummo costretti a tornare in Ungheria, dopo essere stati fermati da un posto di blocco, militare questa volta, che appreso che provenissimo da Roma rimasero trasecolati e ci augurarono buon viaggio di ritorno. Cogliemmo una punta d'invidia nel mezzo sorriso dell'ufficiale che comandava il drappello.

Quando avevamo salutato il ragazzetto, questi aveva le lacrime agli occhi, ma con orgoglio aveva fatto il segno <V> della vittoria con indice e medio, un segnale che in quel periodo percorreva gran parte della Romania.

Le bandiere nazionali si distinguevano per il buco nella banda centrale: avevano strappato l'emblema del partito e dell'asservimento all'Unione Sovietica.

Basso Adriatico, Canale di Otranto , Mare Jonio, Mediterraneo Orientale e Occidentale , Mare Egeo, Mar di Marmara, Dardanelli e Bosforo, Canale di Sicilia, Canale di Suez, Mar Rosso,Golfo di Aden, Mare Arabico, Oceano Indiano,Golfo Persico , Golfo di Aden, Mar Nero…Citazione in disordine, man mano che i nomi affioravano. Tutti i mari percorsi a bordo di navi da guerra della Marina Militare,e, in alcune occasioni, della NAVY, quale inviato speciale, ospite e non per la prima e unica volta.

A TE O GRANDE ETERNO IDDIO

Tra i mille e mille ricordi, la preghiera del marinaio: un crepuscolo nel Golfo Persico. La gran parte dell'Equipaggio (libero dal servizio) schierato, a ferro di cavallo. sul ponte di volo della fregata lanciamissili "Euro", la voce dell'Ufficiale incaricato della lettura e l'emozione che faceva affiorare qualche lacrima, mentre le parole si adagiavano sulla scia ribollente e spumosa della nave …"A te o grande eterno Iddio, Signore del cielo e dell'abisso/cui obbediscono i venti e le onde/ noi da questa sacra nave armata della Patria leviamo i cuori …(…) Benedici Signore le nostre case lontane/ Benedici nella cadente notte il riposo del popolo/ Benedici noi che per esso vegliamo in armi sul mare".

Benedici!

E a pronunciare quelle parole, c'ero anch'io.

GOLFO PERSICO

A bordo della fregata <MAESTRALE>. Zona settentrionale del Golfo Persico con sullo sfondo le volute di fumo nerastro che salivano dai pozzi petroliferi sabotati dagli irakeni prima di ritirarsi frettolosamente nel loro territorio incalzati dai carri armati e dagli elicotteri da combattimento statunitensi e britannici. Nostro compito, captare segnali dal territorio iraniano già controllato da unità della Navy appositamente equipaggiate, e, incarico principale,intercettare e distruggere natanti veloci dei pasdaran se eventualmente presenti, proteggere i cacciamine NATO (italiani, germanici, nipponici, olandesi, britannici e statunitensi ...)) impegnati nel dragaggio di quella fetta di Golfo alla ricerca e alla neutralizzazione delle insidiose mine subacquee disseminate dagli irakeni e in parte dagli iraniani già dal tempo del loro terribile conflitto.

Si era già perduto il senso tragico della battaglia terrestre e dell'attività aerea, intensa e coinvolgente, i decolli stridenti dai ponti di volo, l'attività frenetica delle catapulte e del personale, con la sua gestualità cifrata, apparentemente mimica in certi momenti, ma significativa ed emozionante nella compostezza e nella ritualità. Mi accade qualche volta di rivedere i documentari girati per lo Stato Maggiore e poi proiettati decine di volte dalle stazioni TV private in tutta Italia.

Uno in particolare mi affascina. Quello sulla seconda missione in Somalia.

Intitolato, per volontà dell'Ammiraglio Mariani, Capo di Stato Maggiore della Marina Militare, "United Shields- Al servizio dell'ONU", un titolo che non mi piacque, ma che rispondeva alle esigenze della Marina Militare nel quadro dei non sempre facili rapporti in ambito politico diplomatico dell'Alleanza Atlantica (NATO).

Non era facile trasfondere, immagini e sensazioni provate durante quelle missioni, nel quadro complesso del filmato, dove si fondevano le documentazioni e il commento in un unicum che doveva estrinsecare quanto fatto da uomini e navi in un contesto assai intricato, dove politica, professionalità, addestramento, deterrenza e prontezza operativa trovavano l'espressione più autentica e la dimostrazione dell'abilità, del valore, della credibilità che costituivano l'essenza e la potenzialità di quella forza navale.

Tra gli obiettivi non conclamati, ma sottilmente sottesi e o perciò stesso primari, la capacità di esercitare pressione sull'avversario, inducendolo a moderare la minaccia e tradurla in un avvertimento puramente tattico. Era il gioco della deterrenza e del monito. Probabilmente si riuscì in qualche misura a perseguire l'obiettivo, dato che il confronto rimase allo stadio della diffidenza e della propaganda, ma sempre con i proiettili in canna al livello di attenzione e preallarme rosso.

Sensori attivi, soprattutto.

Quando era possibile isolarsi nell'aletta di plancia , preferibilmente di tribordo, si abbandonava lo sguardo all'infinito dell'orizzonte,e la fantasia a correre sulla spuma del mare appena mosso da una brezza, che alcuni definivano lieve, ma non per questo meno utile a percepire il dopo. Si dedicavano quei minuti per riassumere la giornata facendo il punto di quanto realizzato, elencando le varie fasi di quanto si doveva poi concretizzare: sequenze filmate e commento, un altro racconto, mentre i servizi in voce trasmessi dalla centrale radio del vascello, raro privilegio quello di accedere in un luogo coperto da *secret* e trasmettere allo studio del GR/RAI a Roma il servizio di quanto accaduto o di quanto di prossima attuazione. Breve, canonica prova di voce e poi: " a cinque secondi dal via … via! E si procedeva a leggere la quindicina di righe buttate giù in fretta, manoscritte, una traccia … al termine … Piero Baroni … GR.1 o GR.2 … da Nave Garibaldi …

Un sottile, lieve filo, un contatto tra la forza navale, gli equipaggi e le famiglie lontane sei/settemila chilometri. Non era proprio male, via!

La Radio bruciava tutti, non c'era televisione che tenesse! La Radio cancellava gli spazi, risaliva la curvatura del Pianeta e raggiungeva in un lampo lo studio dove un tecnico, cuffia alle orecchie, regolava, se necessario, i comandi per assicurare che la voce fosse comprensibile, ben modulata e catturata in tutte le sue sfumature, anche l'emozione e la commozione lungo la quale si formavamo le parole e si incidevano sul nastro madre. Il <ciao> finale dell'inviato al tecnico che poi chiudeva il collegamento era un sigillo straordinario, quasi che i due fossero, come al Babuino e poi a Saxa Rubra, in due compartimenti, attigui,della medesima struttura. Un rito che racchiudeva il senso di un lavoro, di una <missione>. Il gruppo navale procedeva a circa venti nodi, elicotteri in volo, COC, Centrale Operativa di Combattimento, in attività costante H24, la notte scendeva come un manto di protezione mentre già si pensava a quanto sarebbe accaduto di lì a poco; il decollo degli elicotteri per il pattugliamento notturno, la conversazione con i piloti in quadrato Ufficiali, il riordino dei pensieri e la carezza della ventata di nostalgia: l'amore e i bambini lontani, e il conto alla rovescia, ancora …. giorni. Ma c'era l'orgoglio di un lavoro forse ben fatto e la voce, ritenuta valida, che irradiata dai GR del mattino, salutava tanta gente e rimaneva sospesa per un attimo, come una eco appena percettibile, ma che toccava il cuore …

LA "UNO BIANCA"

La cronaca se fatta con lo scrupolo indispensabile e con l'attenzione dovuta è un campo di estrema difficoltà e di straordinario coinvolgimento. Difficile estraniarsi dagli eventi, dai fatti, dai retroscena, dagli interrogativi inquietanti suscitati dagli intrecci, dalle immagini evocate.

Mi accadde con la vicenda della banda della <Uno Bianca>. Il primo contatto con gli scenari sanguinari e sanguinosi di quella pagina oscura e terrificante si ebbe un'estate, a Rimini, in una piazza di cui non ricordo né il nome né la collocazione.

Ricordo soltanto il caldo, una temperatura ben oltre i 35 gradi e l'umidità, che si tagliava a fette e ti si appiccicava addosso impregnando la camicia e i pantaloni, anche se di prima scelta e parte di una parure di prodotti di lino, garantiti, come disse nel negozio il commesso che ebbe la faccia tosta di affermare di applicare un prezzo di favore, trattandosi di un giornalista della RAI. Ne parlerà con i suoi colleghi, dissero, ci farà avere altri clienti. Ovviamente mi guardai bene dal fare alcun cenno del genere. Comunque fosse, era in atto in un palazzetto posto in fondo alla piazza, sul lato più breve del perimetro, una riunione in certi momenti chiassosa dei familiari delle vittime della banda, in vista del processo in Corte d'Assise a Rimini. L'aula era stata allestita in un edificio posto a est della località, proprio vicino a un supermercato dove si era avuta una rapina con un omicidio da parte dei componenti della banda. Una delle tante azioni di sangue di cui è stata costellata la vicenda della <Uno Bianca>.

In proposito ho scritto un libro.

Ebbi così modo di intervistare alcuni di quei familiari delle vittime, tra cui Luciano Verdicchi, il marito della tabaccaia, Licia Ansaloni, assassinata a Bologna. Ma la parte più interessante vide coinvolti altri personaggi, di primo piano. La giovane romena, amante di uno dei fratelli Savi, il <lungo>, quello che sparava e uccideva senza tanti complimenti. Mi riferisco a Fabio Savi e a Eva Mikula ,che intervistai svariate volte sia per il GR.1, sia per il GR.2, sia,infine, per il TG.1.

La Uno Bianca e i suoi protagonisti rivestirono un ruolo importante nella mia attività di inviato speciale. Seguii il processo di Rimini e di Bologna e fui presente al cosiddetto incidente probatorio relativo a Eva Mikula a Rimini. Avvocati, avvocaticchi, informatori, piccoli avventurieri alla ricerca di polli da spennare vendendo informazioni e indiscrezioni che altro non erano se non fumo, ruotavano attorno alla vicenda, oltre, naturalmente ad alcune persone serie e affidabili la cui conoscenza risaliva a tempi addietro, persone con le dovute credenziali, che offersero all'inviato informazioni corrette e particolari di estremo interesse. Vi fu chi credette di poter cogliere l'inviato in difetto, "e mal gliene incolse", ma questi particolari e altri si possono leggere nel libro citato ("Quelli della Uno Bianca", Greco & Greco editori, Milano, pagg. 235, ottobre 2011).

Il lavoro svolto in merito alla vicenda della Uno Bianca, ebbe dei risvolti di estremo interesse che, purtroppo, non poterono essere approfonditi come avrebbero meritato per i freni imposti dalla direzione, preoccupata di poter essere in qualche misura chiamata a rispondere di certe rivelazioni, che l'inviato aveva avuto dalle sue fonti riservate, quelle di cui ho fatto cenno in precedenza. Nel libro si è chiuso l'argomento con pochi capoversi, non senza dover lasciar intendere molto.

La situazione risentiva dell'impostazione politico-editoriale del Giornale Radio e dell'ipocrisia, della definizione assolutamente non corretta, di <servizio pubblico> quasi che detto presunto servizio imponesse una censura preventiva su certi argomenti, ad esempio, quelli che ruotavano attorno alla Uno Bianca, ai suoi retroscena e alle <omissioni> investigative che ancora oggi permangono.

Mi rimane impressa chiaramente una riposta datami da Roberto Savi in occasione dello strano dialogo intercorso tra di noi nell'aula di Corte d'Assise di Bologna. Roberto Savi era entro la gabbia, non ricordo se ammanettato oppure no. Ci guardammo e lui rispose con voce ferma, quasi a volermi dire che non mentiva.

Lo ricordavo durante le udienze a Rimini, sempre calmo, a differenza dei fratelli e dei complici, piuttosto beffardi, lui, invece, misurato. Colpì tutti nell'Aula di Bologna quando, rivolgendosi a un alto funzionario della Polizia di Stato in veste di testimone, lo apostrofò con il regolamentare e pacato <Signor Questore, ricorda quando le dissi ...> e qui fu interrotto bruscamente da uno degli avvocati di parte civile. Il presidente non ritenne di richiamare all'ordine il legale e di chiedere a Savi di completare la sua dichiarazione, ma il brusìo che pervase nell'Aula di Corte d'Assise risultò estremamente eloquente.

Non si seppe mai quale fosse stato l'argomento discusso tra Roberto Savi e <quel> questore. Uno dei tanti <vuoti> della vicenda.

"Sono responsabile - mi disse Roberto Savi quando gli chiesi il perché di tutti quegli omicidi – ma non di tutto quello che mi attribuiscono". E dopo una breve pausa soggiunse, rimarcando bene le parole: "Non possono addossarmi tutto".

Quando riuscii a infilarmi nella ridda di domande che gli rivolgevano, chiesi della confessione.

" Ho confessato perché questi erano gli accordi – rispose senza indecisioni- dovevo aspettare un   anno prima di parlare".

Aggiungo che dopo l'ulteriore condanna all'ergastolo, mi rivolsi alle autorità competenti per chiedere di poter incontrare Roberto Savi in carcere. La riposta fu negativa: mi si consigliava di chiedere un incontro con Fabio Savi, mi avrebbero autorizzato, declinai. Fabio Savi aveva già parlato con qualcuno, ma senza dire nulla di nuovo rispetto a quanto dichiarato durante i processi. Probabilmente non gli avevano rivolto le domande giuste o non era stato consentito farlo.

Avrei gradito chiarire i sottintesi con Roberto Savi. Nulla a suo favore, intendiamoci!, ma soltanto passare oltre il diaframma che aveva sempre contraddistinto il suo procedere. La risposta delle autorità penitenziarie competenti aveva uno strano, sgradevole, <sapore>. Pareva una cortina fumogene di protezione. Una specie ambigua di depistaggio. Come dire: correremmo il rischio di qualche indiscrezione non gradita.

Non si dimentichi che sussiste l'ipotesi, e qualcosa di più, dei complici mai individuati e ancora in libertà. (Complici o <mandanti>?).

L'ORO DEGLI EBREI

Una delle fasi più impegnative che si presentano ad un inviato speciale incaricato di una certa inchiesta, di argomento prevalentemente investigativo (ad esempio quella sulle accuse al Generale Canino che vedeva coinvolta la signora Donatella Di Rosa) è quella della ricerca preliminare al fine di configurare con la massima esattezza possibile i termini della situazione, gli interrogativi ai quali fornire una risposta, il quadro delle testimonianze possibili e, ultimo ma non ultimo, l'obiettivo da conseguire.

Un incarico del genere mi fu affidato dal vice direttore Sandro Testi e dal suo collega Innocenzo Cruciani e si riferiva alla complessa questione dell'oro degli ebrei e del ruolo avuto dalla Banche della Confederazione Elvetica.

Non si trattava di una questione da poco: si trattava di una problematica che aveva avuto il suo inizio nella seconda metà degli anni "930" del XX Secolo, quando il potere in Germania era quello di Hitler e si era protratta sino agli anni 980 e ancora avanti.

Al fine di fornire informazioni corrette e di costruire una cornice efficace, e al tempo stesso, non esposta a critiche o <amnesie>, fu indispensabile riflettere a lungo circa il percorso da compiere: in altri termini: con chi consultarsi e dove?

La prima tappa dell'indagine si ebbe a Merano. Strano? Penserà qualcuno. Possibile che la ricca ed elegante località altoatesina potesse rappresentare una fonte così qualificata per l'inviato speciale e la sua consulente, di indubitabili origini ebraiche? Perché si trattava proprio di affrontare la questione complicata e delicata del destino delle enormi ricchezze degli Ebrei, scomparse, evaporate, dissoltesi nei decenni trascorsi, appunto, dalla metà degli anni "Trenta" del secolo scorso e mai più rinvenute e restituite agli aventi diritto. L'inviato, proprio in considerazione di quanto qui appena sottolineato, si avvalse di una consulente gradita agli interlocutori. Altrimenti avrebbe bussato invano alle porte delle fonti.

Ma prima di intraprendere il viaggio in direzione di Merano, fu necessario un certo lavoro di preparazione e di coordinazione. Non si poteva andare allo sbaraglio.

Cosa ci si proponeva? Quali domande rivolgere? Si poteva rischiare di sbagliare approccio? Come non sensibilizzare e indisporre il ritegno, la sensibilità, l'amor proprio degli interlocutori? Preziosa e indispensabile fu la collaborazione della consulente, così pure il suo ricco patrimonio di conoscenze dirette e collegate, onde superare le barriere della diffidenza e giungere così ad ottenere informazioni, ricordi, ricostruzioni di quanto era avvenuto. Merano, Lugano, Berna, Zurigo, Ginevra, Costa Azzurra (Nizza in particolare), Parigi, Milano … Tappe di una inchiesta complicata.

In sintesi: quando il potere nazista si rivolse durissimamente contro gli Ebrei residenti nel Terzo Reich e nelle terre conquistate, gli ebrei percepita la minaccia, ancora prima dello scoppio del conflitto in Europa, avevano provveduto a trasferire depositi e beni in Banche della Confederazione Elvetica: denaro, titoli, ovviamente, e ancora collezioni di monete d'oro, quadri di enorme valore, e quant'altro possibile, non è dato sapere se provvidero a stilare inventari analitici e descrittivi e opportune assicurazioni presso i Lloyds di Londra , ma è presumibile, e svariate testimonianze confermarono che ricevettero dalle Banche garanzie in tal senso.
Impossibile determinare il valore complessivo, ma si trattava, non vi sono dubbi, di svariati milioni se non miliardi di Franchi Svizzeri, Dollari, Sterline, Fiorini, Corone.
Per quanto riguarda , ad esempio, Parigi, vennero consegnati alle Banche Elvetiche (UBS, tanto per chiarire) i titoli della proprietà immobiliare di un intero quartiere della Capitale francese (appartenente ad un Gruppo ebraico): gli aventi diritto (più esattamente i rari sopravvissuti) non poterono riaverne la disponibilità non essendo in possibilità di documentare il loro diritto di successione. Il pantano burocratico inghiottì la quasi totalità delle rivendicazioni e alle banche svizzere rimasero tutti quei beni, tutti. Impossibile, per molti, poter certificare il buon diritto alla successione di ebrei bruciati nei campi di sterminio. Senza documentazione legale attestante il vincolo di parentela di sangue, diretta, era impossibile ottenere dalle banche la restituzione dei beni reclamati.

Una fonte consultata a Merano dichiarò: "I tedeschi hanno rubato agli ebrei e poi gli americani hanno rubato ai tedeschi sconfitti e, infine, gli svizzeri hanno rubato agli americani. Gli unici in Europa che non hanno depredato gli ebrei sono stati i Danesi".

Quando a Ginevra si tenne il convegno intitolato a Simon Wiesenthal e dedicato appunto alla questione delle razzie germaniche in quel tragico e funesto periodo, ero, con la consulente di cui sopra, l'unico rappresentante della stampa italiana. E , sia chiaro, in quel periodo viaggiavo a mie spese. Mi è rimasta una certa documentazione fotografica dove si vede , tra gli altri il Rabbino Ayer, ispiratore dell'iniziativa, Rabbino, che godeva della protezione del Presidente degli Stati Uniti e che, tramite un interprete di lingua francese, ebbi modo di intervistare, brevemente.

Una fonte a Lugano ricordava un certo episodio: all'epoca era un ragazzo e, un giorno, mentre accompagnato dal padre tornava a casa da scuola, il genitore gli indicò una persona e a bassa voce disse al figlio." Vedi quello … denuncia gli ebrei che si sono rifugiati clandestinamente dalla Germania e dalla Polonia occupata qui in Svizzera. Così le autorità, sfruttando il reato di ingresso clandestino e mancanza di documenti regolari, li espellono in Germania, con quali conseguenze è facilmente immaginabile".

Una inchiesta frammentaria quella sull'oro degli Ebrei e le Banche svizzere. Ricordi brevi quelli delle vittime sopravvissute e difficoltà a voler narrare le peripezie vissute. E una certa ostilità da parte di alcuni <colleghi> del GR. per la messa in onda dei servizi.

La visita a Zurigo fu addirittura shoccante. Dopo diverse telefonate per avere l'autorizzazione a poter parlare con l'incaricato delle Relazioni Pubbliche, ci avviammo, la consulente e io, alla sede della Banca (UBS) . L'ingresso era interamente rivestito di marmi di Carrara: Gli sportelli per le varie operazioni, erano interamente avvolti da grandi lastre di marmo e così pure il ripiano dove poter compilare i vari moduli. Un bianco accecante reso sfolgorante da luci soffuse. Dovemmo attendere in piedi, quasi al centro della sala, con tutt'attorno i piani di lavoro e al centro una tavola il cui ripiano era uno spesso lastrone di marmo sul quale clienti indaffarati sciorinavano i propri documenti e il denaro da depositare o quello appena prelevato. Il senso del potere, la prova provata di quale fosse il ruolo della Svizzera, salvadanaio enorme e addirittura traboccante di denaro e di conseguente potere a dimensione globale. Nulla si sarebbe potuto ideare, progettare, realizzare, concludere senza il benestare del sistema finanziario elvetico, con le appendici di Lussemburgo, Lichtenstein, Andorra, San Marino …

Dopo la dovuta attesa si avvicinò una persona garbata, ma palesemente disturbata, che chiese cosa volessi. Dopo aver nuovamente precisato la mia posizione e mostrato le mie credenziali, (disponevo anche, sin dalle missioni nel Golfo Persico, di un accredito diplomatico, ottenuto grazie ai buoni rapporti con il primo segretario dell'ambasciata d'Italia ad Abu Dhabi). Il funzionario, qualificatosi capo delle settore PR, mi licenziò sbrigativamente affermando seccamente che la banca non aveva alcunché da precisare circa i depositi non potuti rimborsare. Per altre informazioni, rivolgersi al ministero degli esteri della Confederazione, a Berna.
Unica fonte autorizzata a <trattare> con la stampa estera.
Ho sempre odiato le banche di qualsiasi nazione, ritenendole strumento di strozzinaggio legalizzato. Avrei voluto disporre di un Reparto di paracadutisti d'assalto dotati tra l'altro di lanciafiamme. Come quello con cui, a pieno titolo, avevo partecipato in Irak a un pattugliamento dalla Valle di Zakho e sino a poca distanza dal confine siriano, in direzione di Aleppo. Paracadutisti del Tuscania. Desiderio soffocato, ma tentazione violentissima.
Avevo cozzato contro il potere del denaro e dell'orrenda arroganza del sistema bancario svizzero. E mi dovetti ritirare, con perdite, per l'unica volta nella mia pur lunga vita di inviato speciale investigativo. Apprezzai l'affettuosità della consulente,che, comunque, fece fatica a controllare la propria ribellione.

Dopo non poche peripezie riuscii a rintracciare in Alto Adige il macchinista del convoglio ferroviario che aveva trasferito, appunto in Alto Adige, l'oro della Banca d'Italia di cui poi si perdettero (??) le tracce. L'anziano ferroviere ricordava tutto, sin nei dettagli,indicandomi la galleria dove il treno si nascose e dove le casse furono messe a terra su carrelli predisposti precedentemente.

Volendo sarebbe possibile rintracciare il nastro con il testo registrato dell'intervista, meglio del racconto. Non dispongo di uno studio radiofonico adeguatamente attrezzato, e non saprei dove mettere le mani. Al tempo del servizio utilizzavo la mia voce. Mi parve, in quel periodo, di vagare come un cieco in un'atmosfera rarefatta, dove le voci erano distorte, le rivelazioni appena percettibili, i silenzi e le reticenze simili a pareti trasparenti e oltre il nulla, precipizi di falsità e di gomma.

Incontrai invece ostilità, aperta, fastidiosamente evidenziata, negli ambienti della Banca d'Italia, pareva quasi fossi un pericolo, una minaccia. Eppure ero un inviato speciale della RAI, del cosiddetto servizio pubblico. Mi fecero apertamente capire che quelle erano <cose loro>. "Lei si rende conto, soggiunsero con malcelata ironia, di non disporre dei requisiti richiesti".

Capito?

Poi ci si chiede cosa vi sia dietro a certi avvenimenti.

CORTE D'ASSISE

Anche il SISMI ha indagato e indaga sui fratelli SAVI. Traffico di Armi da Albania ed ex Jugoslavia, contatti con una centrale albanese in Italia. Savi e altri.

Fornitura di armi a gruppi integralisti islamici (operazione a Milano) per creazione di piccoli depositi in varie zona d'Italia. Infiltrazioni per individuare la rete dei collegamenti e dei contatti.

Durante la ricerca documentale affiorano appunti e notazioni su Roberto Savi, una nota corposa, che vale la pensa riportare. Almeno chi redige queste pagine ha il senso del ricordo, l'eco opaco della tetra musicalità dei suoni serpeggianti nella triste aula della Corte d'Assise, il brusìo dei commenti, i rari, stridenti acuti di qualche risata isterica, il richiamo autoritario del Presidente, l'invito duro all'ordine, il tentativo di dare solennità ad una farsa.

"Al Pilastro non c'ero, so chi ha ucciso i Carabinieri , ma non lo posso dire e non lo dirò mai".

Roberto Savi ha parlato con i giornalisti, rispondendo a molte domande. E la ferita? Risposta. Mi è esploso qualcosa che stavo facendo. E le macchie di sangue nella'automobile? Me la sono fatta mentre consegnavo le armi, mi sono ferito con un caricatore di kalashnikov. Roberto Savi ha detto che quello del benzinaio imprenditore Bonfiglioli non è stato un omicidio per rapina. Forse, ha soggiunto, c'erano le mie armi. A chi le aveva date? A dei civili e ad appartenenti alle forze dell'ordine; non so perché Bonfiglioli sia stato ucciso . Roberto Savi non nega le sue responsabilità: dice di rendersi conto del danno che ha fatto, ma poi precisa: a via Volturno ero andato solo ad accompagnare della gente, non aveva bisogno di rubare delle pistole. Il fratello Fabio ammette delle rapine. Risposta: non sono il gestore della vita di mio fratello. Nella banda, ammette, c'erano siciliani. Perché ha confessato? C'era un accordo. Dovevo aspettare un anno per parlare. Si sente minacciato? Risposta. Non per me, ma per fuori E ha concluso così: spero solo che non mi scarichino addosso tutto. Questa mattina in una strada laterale al palazzo di giustizia falso allarme per una presunta bomba. Era solo immondizia in un sacchetto di plastica.

Emergono, intanto, particolari inquietanti.

Dopo il duplice omicidio all'armeria di Via Volturno, maggio 1991, furono realizzati tre identikit per due persone. Lo ha dichiarato alla Corte d'Assise il dottor Graziano, capo della polizia scientifica dell'Emilia. I tre identikit non vennero resi pubblici per tassative disposizioni del dottor Candi. Lo ha dichiarato alla Corte il citato magistrato. Dopo tre anni uno di quegli identikit è risultato essere quello di Roberto Savi.

Sono responsabile, aveva detto Roberto Savi rispondendo alle domande dei giornalisti assiepati davanti alla gabbia, ma non di tutto quello che mi attribuiscono. Non dirò mai i nomi, ha risposto alla domanda sui suoi complici ancora da identificare. E ha soggiunto, per evitare rischi fuori; alla famiglia? è stato chiesto, anche se sua moglie l'ha accusato? Mia moglie , ha risposto, ha detto tante cose non vere. Ha paura. Circa l'arma usata al Pilastro, una AK70, secondo gli inquirenti, Savi ha precisato. È stata usata una SC70, un'arma di provenienza militare calibro 5,56 NATO. Le pallottole erano state modificate: l'ogiva bellica, in tungsteno, era stata sostituita con una civile. E poi, ha soggiunto: dovrebbero indagare sull'auto trovata bruciata nell'area di servizio di Cantagallo, nei pressi di Bologna. Dentro c'era un contenitore di pallottole calibro 223, cioè 5,56 NATO.

Era un martedì alle ore 9,30 quando si aprì la disputa sulla questione degli identikit non diffusi. Una ridda di affermazioni, non affannose e tanto meno aggressive, tutt'altro. Ma non per questo meno significative: <Si> all'utilizzo, ma solo nell'ambito investigativo, <no>alla stampa e, per quanto riguarda l'ambito investigativo, solo a chi era incaricato delle indagini. Teste Di Maffeo, ritenuto reticente, richiesta ammonizione del teste, il Presidente ha risposto <no>. Gli identikit non erano affissi.

Roberto Savi era stanco, voleva smettere. Fabio invece intendeva continuare. Quando il fratello gli diceva che era meglio fermarsi prima di commettere qualche errore e quindi essere presi. Fabio obiettava: tu hai un lavoro, io no. Questo è il mio lavoro. Fabio voleva avere una sua squadra, ne aveva forse parlato con il suo amico di San Marino, quello con cui era andato in Ungheria, dove conobbe Eva Mikula.

Eva Mikula partecipava ai sopralluoghi. Fabio era orgoglioso di essere lui a entrare nella banche e farsi dare i soldi. Roberto spesso restava all'esterno.

Secondo fonti non qualificate: Roberto quasi certamente al Pilastro non c'era. Erano presenti,invece, sicuramente Fabio e probabilmente Gugliotta .

Nota su due investigatori:

Pietro Costanzo, sovrintendente, sistemato in un piccolo ufficio, con sulle pareti una collezione di encomi.

Luciano Baglioni, ispettore, molti encomi anche a lui.

Sempre dalla medesima fonte, che pretese il riserbo: la cellula eversiva era annidata nella Questura di Bologna: indizio tragico: l'armeria di via Volturno.

L'inchiesta sulla <Uno Bianca> e i relativi servizi per il Giornale Radio, sono sicuramente stati una delle missioni più impegnative. Ha richiesto lunghe ricerche, intense riflessioni. E la consultazione di centinaia di appunti e annotazioni, non sempre ordinati per date a luoghi. Si afferravano ammissioni, particolari, e si archiviavano con tracce smilze, procedendo poi, nelle ore notturne, a rivederle,integrarle, interpretarle, e l'indomani a verificarne la validità, e in caso di mancata verifica a cassarle o ad approfondirne l'indagine.

Un esempio di quanto testé detto: Pasquale Filomena, ispettore della Mobile, sezione catturandi, da 18 mesi ai domiciliari con il sospetto di inciucio con i malavitosi divenuti pentiti. "Fin dal 1994 cercammo di prevenire l'espandersi del fenomeno. Studiammo l'ipotesi più forte, quella di contestare agli arrestati l'associazione per delinquere, ma arrivammo alla conclusione che, a quei tempi, mandare sul lastrico migliaia di persone ci avrebbe creato problemi ben più seri per l'ordine pubblico. Intervista a GMC, inviato del Giornale, di Sabato 26 febbraio 2000.

Le informazioni aumentavano, come i collegamenti e contemporaneamente si allineavano gli interrogativi ai quali l'inchiesta doveva fornire delle risposte.

Chi doveva dare risposte ai molti interrogativi?

Gli appunti fornivano le domande, ma le risposte non ebbero seguito sia nel corso del dibattito e delle deposizioni, sia nelle motivazioni della sentenza. Il tutto fu cancellato con alcuni tratti di eloquenza forense e con le dure sottolineature delle parole : carcere a vita, ergastolo: il terzo comminato ai Savi. Pesaro, Rimini, Bologna.

Anche la sola intenzione di ricordare attraverso le immagini fissate nel labile sfondo della memoria, necessitano di sforzo sgradevole. Si ricorre allora agli appunti frettolosi, sovente sgrammaticati in una sorta di stenografia tutta personale e altrimenti inintelligibile, ma corredata delle necessarie <correzioni>, diviene sufficientemente chiara e leggibile, con la capacità sorprendente di ricostruire la scena, i profili fumosi dei personaggi, gli echi gutturali delle voci. Allora la vicenda pare assuma la fisionomia concreta e l'inviato è in essa, come all'epoca,ricostruita con le parole scritte in un blocchetto per gli appunti, targato <GR. radiorai>.

Polignano. Nei pressi di Polignano a marc la Finanza ha sequestrato, in un vecchio silos, una centrale radar composta da una ventina di apparati di radiolocalizzazione dell'ultima generazione tecnologica, con i quali (apparati) venivano controllati i movimenti della Polizia. Dieci le ricetrasmittenti operative: Casamassima, Monopoli, Mesagne, Fasano (Centrale di ascolto), Lamalunga, Ostuni, Torre Canne, Specchiolla.

Conrabbandieri:

Giuseppe Contestabile, Brindisi; Adolfo Bungare (?) di Francavilla Fontana, residente a Brindisi.

L'udienza di convalida di fermi di polizia porrebbe tenersi il 28 Febbraio. Contestabile lavorava per il clan di Bruno Rillo (rione periferico di Paradiso).

Sostituto Procuratore della Repubblica di Brindisi Isabella Ginefra. Procuratore Luigi Molendini, sono coloro che seguono il caso.

Presa nota di una dichiarazione di Ottaviano Del Turco: " Non è più un problema di ordine pubblico, ma è questione che investe la politica estera del nostro Paese. Fin quando gli Stati che sono dall'altra parte dell'Adriatico daranno asilo e protezione alle bande criminali che seminano in Italia robaccia di contrabbando e morti, sarà difficile venire a capo di uno scontro così duro".

Brindisi 27.02.2000:

Ospedale "Vito Fazzi" di Lecce dove è ricoverato Sandro Marras, uscito dal coma.

H.Parisino (?).

Edoardo Roscica (?) prognosi ancora riservata; permane il rischio di embolia determinato dalle numerose fratture che il militare ha subito nell'impatto.

Visco: Fiamme Gialle avranno altre 28 vetture corazzate in Puglia. "Si può fare di più nel coordinamento delle forze dell'ordine per spezzare il reticolo che consente ai contrabbandieri di avere i depositi nelle masserie. Bisogna aumentare la pressione diplomatica, che ha già portato i suoi risultati, sui Paesi che ospitano le basi del contrabbando".

Mezzi e uomini in arrivo. Un centinaio di uomini, decine dimezzi in arrivo a Brindisi: sono mezzi veloci, fuori strada blindati, camionette Ac 31 (dove stavano prima?).

GDF.

Giuseppe Serrano. Si è concluso in venti minuti il faccia a faccia del comandante con i deputati, senatori, consiglieri regionali e comunali di Polignano. Pochi minuti per chiarire i punti sollevati dall'intervista del ministro delle Finanze Visco e rimbalzati in Comune. Il capo delle Fiamme Gialle è entrato solo nello specifico delle "problematiche irrisolte che rendono insicura e letale la lotta al traffico delle bionde".

46.bis (reato di contrabbando): caratterizza le organizzazioni mafiose. E' necessario legiferare la riconducibilità del reato di contrabbando all'interno di quel 416 bis.

Una Fiat punto(…) Nissan Patrol corazzata.

Combattere e sconfiggere il contrabbando sono due entità non sintonizzate,infatti:

La Guardia di Finanza investiga, insegue, cattura i <portatori> di casse di sigarette, la magistratura dovrebbe chiudere le inchieste con il processo. Ma ciò non sempre accade; pochi magistrati, tanti processi: Si arriva, allora, alla vanificazione di operazioni che portano all'arresto di contrabbandieri, poi scarcerati perché i PM si trovano nell'impossibilità di fare un'analisi articolata e dettagliata delle motivazioni. Esempio: 107 contrabbandieri catturati; 56 contrabbandieri scarcerati.

Guerra nel Kosovo: paralisi, contrabbando (Pattugliamenti a mare e aria) perdite ingenti; dopo attività frenetica per recuperare e resa violenta di blindati. Ricordando la suddivisione della costa. Chiunque trovavano sulla strada spazzavano via. Prima lavoravamo in silenzio, prima ci occupavamo solo di sigarette, dopo investimento della finanza locale nel contrabbando,pizzo come forma intimidatoria- finanzia l'operazione (…) acquista le sigarette quando toccano terra, lo scafista rimborsa il finanziatore con un profitto del 100%; unica clausola: le sigarette toccano il suolo italiano. Una volta a terra l'organizzazione sa come riciclare il carico. Unico rischio, la navigazione. Appena scaricato, l'organizzazione paga e non si esce da queste regole.

Riciclaggio investimenti comuni: acquisto di scafi, blindature di mezzi, cambio in Euro quando sarà il momento, implicati funzionari di banca.

Prostituzione: ricostruzione a ritroso dei percorsi della prostituzione: ucraine, moldave, russe, romene, transitano tutte da Valona. Sono implicati albanesi (due individuati con foto segnaletiche). Risaliti fino a Belgrado: villa in periferia dove stazionano, rifocillate, rivestite; mercato: vengono vendute. Prezzo secondo età, aspetto, colore capelli (biondo, costo elevato) da 1.000 a 8.000 dollari, come proprietà, schiave. Costrette a rispondere a inserzioni su giornali per lavoro come cameriere, bariste. Le illudono sino a Belgrado (Parigi, etc?),requisiscono documenti; percosse, rapporti sessuali. Da Chieti in su Emilia Romagna, Milano, Torino, Verona, Genova e estero. Vasta rete di collegamenti. In Italia rete prostituzione è monopolio albanese. Rendono più prostitute di armi e immigrazione. Prostituzione minorile femminile.

Traffico di organi:dove c'è guerra c'è traffico di organi. Fosse comuni, gente senza fegato, pancreas, reni, cornee, tutto ciò che la scienza permette. Organi sbarcano su contenitori- frigo da campeggio su ordinazione: scafo che parte solo per questo trasporto.

Prezzi elevati. Ogni tanto il mare restituisce dei corpi. Nove giorni fa, ultime due ragazze. Riprendono gli sbarchi di kosovari.
Fasano e Savelletri, traffico di sigarette . Verranno rischierati, in Puglia, Carabinieri Paracadutisti del Tuscania. A Fasano, domenica 27, 100 paracadutisti. Monopoli, pari data , 50 Carabinieri da Reparti Speciali Laives , altri 100 tra GDF e CC., prossimamente.
Parcheggiatori usati come osservatori, conoscono frequenza delle Forze dell'ordine.

A Regina Pacis pilota personale di Saddam Hussein, colonnello pilota come magazziniere(i testimoni di crimini di guerra in Kosovo, già ascoltati dal Tribunale dell'Aja a Roma, godono del programma di protezione).Generale Gaetano Scolamiero.
Quella dei contrabbandieri è una vera holding. (Fine annotazioni).

Scartabellando nei vari contenitori, si rinvengono copie di appunti, di testi trasmessi, in voce, nelle varie edizioni del Giornale Radio. Si nota, quindi, il non semplice lavoro effettuato per la vicenda della Uno Bianca, quando ancora le indagini non avevano raggiunto una qualche certezza (la verità vera probabilmente non si appurerà mai, a meno che Roberto, Fabio Savi e, forse, Eva Mikula non decideranno, di <parlare>). Appunto in considerazione di tali riserve si ritiene utile pubblicare quanto disponibile, solo e soltanto per completezza dell'inchiesta condotta unilateralmente   e che non ha alcuna pretesa di completezza.

Ciò che qui di seguito viene pubblicato ha l'unico scopo di evidenziare, per quanto è stato possibile, i risultati delle indagini.

EVA MIKULA

Clandestini, nuovi approdi:
I Comandi delle Forze dell'Ordine e dei Servizi di sicurezza hanno individuati e segnalate le nuove rotte per il traffico di clandestini. Dal sud dell'Albania verso il Salento quelle attuali. Da porti più tranquilli, e meno controllati, albanesi, verso il nord della Puglia, in acque decisamente meno tempestose. Dall'Albania (o vicino a Grecia verso Gallipoli) le zone più a sud della Puglia. Le coste a nord di Bari, fino al Gargano, sono in gran parte disabitate, un'area stimata di 4.500 ettari, che di notte sono territorio di transito di attività illecite, terra di nessuno da ottobre a giugno. In passato si indagò su traffici illeciti tra pescherecci locali e persone che operavano per conto della mafia montenegrina e addirittura si è indagato su navi mercantili attraccate ai moli di Molfetta, Barletta ; in provincia di Bari e Foggia, le nuove o, meglio, le future mete dei clandestini.

La sintesi del traffico si esprime con le seguenti cifre: ogni motoscafo rende otto miliardi di lire all'anno, esentasse. In Montenegro ce ne sono un'ottantina (Supercorbelli- Supertermoli). Almeno il 10% della popolazione vive di contrabbando; altre località coinvolte : Polignano, Fasano, Monopoli, etc.

Annotazione del Febbraio 1999 durante il lavoro di ricerca documentale, estremamente difficile per la frammentarietà delle fonti e la sovrapposizione delle testimonianze.
Naturalmente c'è molto da evidenziare. I mancati accertamenti sulle armi usate al Pilastro, la questione dell'identikit, la relazione Serra, virtualmente nascosta per troppo tempo, e relativa alle carenze macroscopiche della Questura di Bologna; gli interrogativi suscitati dalla "relazione Di Pietro", il ruolo ambiguo della Commissione Stragi, la foto di Fabio Savi presa da una telecamera di sorveglianza durante una delle rapine.
Rivestono un certo interesse i testi dei servizi trasmessi nelle edizioni del GR.1 RAI nel 1995:

(Lunedì 24 luglio- ore 08.00)

"Durante le indagini sono stati ipotizzati dei fantasmi misteriosi, privi di qualsivoglia riscontro probatorio. Lo ha dichiarato l'avvocato Bellogi, che rappresenta(va) due delle tre famiglie dei carabinieri uccisi. Il legale ha conferito, tempo fa, con il Ministro della Giustizia che ha sollecitato un suo contatto con la Commissione Stragi. La Commissione a fine giugno ha risposto all'avvocato di ritenere superflua una audizione, in quanto, dopo aver svolto delle indagini, aveva raggiunto un "sufficiente stadio si maturazione". La Commissione, quindi, sembra considerare conclusive le 170 cartelle della relazione firmata da Di Pietro, secondo cui i Savi, al Pilastro, avrebbero fatto tutto da soli. Una tesi sostenuta pure dai magistrati inquirenti. Una posizione ambigua, in quanto l'ordine di custodia cautelare emesso contro i due Fratelli Savi, parla di responsabilità in concorso con altri. Inoltre, nel fascicolo vi sono anche gli identikit di persone che diversi testimoni hanno visto togliersi i passamontagna e allontanarsi dalla scena della sparatoria al Pilastro, il 4 gennaio 1991. E quelle persone non erano i fratelli Savi".

APPUNTI DI VIAGGIO

Appunti e notazioni sommarie su quali fossero le linee di guida nelle <ricerche> condotte dall'inviato speciale del GR. RAI:

Banca del Lussemburgo: Banque Internationale a Luxembourg, sulla Grande Rue.

Uffici P.R. dove tentare di captare qualche indizio.

Colonia, vicino al ristorante <Slavia> lungo la Riva del RENO; Orchestra tzigana per strada, mentre lungo il grande fiume continua la processione delle chiatte.

Colonia, sosta nei pressi del Ponte Hoenzollern Brucke: visto <Battello Italia>.

Messaggi lasciati nei registri dei visitatori nei Cimiteri di guerra.

Lussemburgo, ricchissimo di testimonianze belliche e di Storia. Quel pomeriggio, il tradizionale trattenimento musicale era riservato a una banda inglese (Place d'Armes).

"Le Soir" titolava a pagina 15, 9 agosto 1990: "Kennedy assassiné sur ordre de la CIA?"

Slavia Grill: pecorino bulgaro con paprika, burro,olive nere elegantemente disposte in un contenitore rotondo di cipolla (un anello).

Numerosa gente nei memoriali, nei monumenti e nei cimiteri di guerra.

Lussemburgo: 8 Agosto, El Torro High School Banda- USA, California.

9 Agosto, Washington Banda, Youth G.B.

Sempre al Lussemburgo: le mura dei porti spagnoli:

Monumento ai Caduti 1914-1918- 1940-1945; Norvegia,Africa del Nord, Italia, Francia, Belgio, Paesi Bassi, Germania: 1950-1954 Corea: "Ai nostri volontari di Guerra", ai Caduti nella battaglia delle Ardenne; (sempre al Lussemburgo): cimitero di guerra germanico; memorial statunitense; "Museo Victory" dedicato ai mezzi: Sempre al Lussemburgo: monumento al Maresciallo di Francia FOCH (1914-1918).

"Ils ont affirmé par leur mort que par-dessus le division de parti, de classe et de confession, il ya un meme réalité et un ideal commun a nous tous: la patrie".

Grande Duchesse Charlotte, le 16 Avril 1945.

Cameriere del Cafè de Paris, Lussemburgo (Preziose informazioni)

Colonia: Slavia Grill (am Rhein) ; Am Bollwerk 7- 5000 Koln 1 0221 244574

(offerto agli ospiti) Vino Grasevina, proveniente da Kutjevo. Puszta. Platte, a 19 marchi e 56 formato da: Schwweinefleisch Curry-Reis, Balkan-Salat Cha-cha Sonsse (Extra Scharf).

10 Agosto 1990: base USA Bit-Burg : Tornado, velivoli contro/carro, armati con proiettili di uranio impoverito. Colonia: documenti su bombardamenti.

11.09.1990: telefonato a Severi –vicedirettore del GR.1; poi raggiunto Venlo e Museo Olandese di Nimega.

12.09: Arnhem e zone attorno al Museo Airborne.

Viaggio 3.08/10.08
1^ parte

Germania, Bastogne, Lussemburgo, Germania, Mainz, Valle del Reno, Remagen, Coblenza, Colonia, Aquisgrana, Ardenne, Bastogne, Lussemburgo, Ardenne, Bitburg.

COLONIA: la battaglie delle Ardenne, il passaggio del Reno, i bombardamenti, le città distrutte, la ricostruzione, la Germania oggi, la NATO.

2.da parte:
Colonia, Venlo (spionaggio), la battaglie dei giganti. Nimega, Arnhem, Olanda del Nord, Amsterdam, l'Aja (o Den Haag), Rotterdam (Bombardamenti).

Lo spionaggio: Venlo + la spia di Arnhem. Le V.1 e le V.2 (A4), la prima offensiva tedesca, la resistenza, l'Operazione Marker-Garden, la battaglia dei carri.

3.a Parte: Passo Calais, Dieppe, Dunkerque, Normandia. I supercannoni, i missili, il radar di Dieppe, la sacca Dunkerque, lo sbarco del 1944. (Fine del viaggio).

(Previsioni: venti servizi speciali, tra i quali quello sugli aerosiluranti della R. Marina).

Le notazioni dell'11 agosto 1990: Overlon, Museo e Memorial, mezzi impiegati nella Battaglia, Documentazione su vita in Olanda durante l'occupazione, centri di ascolto e osservazione a favore degli Alleati. Deportazioni, resistenza.

V.1. Cimitero di guerra: reperita ottima documentazione.

Olanda, terra chiave della guerra: 1940, offensiva tedesca; 1944 controffensiva alleata. Postazioni di lancio delle bombe volanti. Pericolo mortale per gli Inglesi. Necessità di occuparla per allontanare il pericolo dei missili che avevano una gittata massima di trecento chilometri.

In seguito, il bersaglio divenne il porto belga di Anversa, essenziale per lo sforzo bellico contro la Germania.

La spinta ad oriente era motivata anche se non soprattutto dalla seguente esigenza. Nei cimiteri di guerra in Olanda, cimiteri dei due schieramenti, i Caduti in massima parte hanno tra i 18 e i 22 anni. Alla fine del 1944 e agli inizi del 1945, i due eserciti contrapposti dovevano fare ricorso in grandissima parte ai giovanissimi. Si erano dissanguati.

QUI SEGUONO I TESTI DEI MIEI SERVIZI TRASMESSI DAL GIORNALE RADIO DELLA RAI DURANTE LE INDAGINI SULLA BANDA DELLA "UNO BIANCA"

SABATO 15 .07.1995
GR.1 ORE 08.00

Pochi giorni dopo l'uccisione dei tre carabinieri al Pilastro, nel gennaio 1991, la polizia investigativa di Bologna aveva individuato il tipo di arma usato: un fucile AR/70 Beretta. In realtà non si trattava di un AR/70, arma da guerra, ma di un Beretta 70/Sport, la versione da caccia, a corpo singolo e non a raffica. Sulla base di una norma del testo unico delle leggi di pubblica sicurezza, i carabinieri riuscirono a procurarsi, poche settimane dopo, proiettili e bossoli sparati con la quasi totalità di questi fucili registrati in Emilia, meno di un centinaio, ad eccezione di quelli venduti a Bologna, 31, di cui due di proprietà di Roberto Savi. E questo perché la zona di Bologna era ed è di competenza della polizia di stato per tali indagini. La fase successiva, quella determinante, prevedeva la perizia di comparazione: il confronto dei bossoli e dei proiettili acquisiti in poligono, con i reperti balistici recuperati sul luogo del delitto e durante le necroscopie. Gli esperti affermano che la comparazione avrebbe consentito con un buon grado di attendibilità di individuare il fucile Beretta 70/Sport usato dai killer. E tra quei fucili da esaminare vi erano i due di Roberto Savi. I magistrati inquirenti di Bologna, confermando un orientamento tutto italiano sul controllo scientifico delle armi, non autorizzarono la procedura, rinunciando così, in quel gennaio 1991, alla pista indicata dall'unico indizio attendibile.

DOMENICA 16.07.199
GR 1. ORE 08.00

Gli investigatori avevano individuato subito il tipo di arma usato dai killer : una Beretta 70/Sport calibro.222. La scientifica aveva chiesto e ricevuto dal fabbricante il progetto di costruzione. Non erano stati recuperati bossoli, quindi si doveva agire sui proiettili, esaminando numeri delle rigature, la loro ampiezza, il verso, destrorso o sinistrorso, il passo e l'inclinazione. Una somma di peculiarità e contrassegni che sono caratteristiche individuali dell'arma e che possono essere messe in evidenza usando determinate attrezzature: luce radente, illuminazione alogena, microscopi metrici e comparatori che consentono di osservare simultaneamente due oggetti in parallelo, in modo che una immagine possa essere la continuità dell'altra. Se la continuità è riscontrabile anche negli elementi peculiari all'interno dell'impronta, si ha la dimostrazione di identità di reperti e si caratterizza l'arma nella sua individualità. Se uno dei reperti proviene da un'arma sospetta, si è individuata l'arma impiegata in quella circostanza delittuosa. I contrassegni sono la firma dell'arma, e, nel caso specifico, quella di chi ha ucciso i tre carabinieri di Pilastro.

LUNEDI 17.07.1995
GR 1 . ORE 08.00

I fratelli Savi sarebbero legati a doppio filo a una famiglia di sardi insediata nell'hinterland di Rimini: una famiglia implicata in traffici di armi e di mercurio rosso, un prodotto strategico, oltre che in sequestri di persone. Alcune testimonianze e numerose intercettazioni telefoniche proverebbero i collegamenti di uno dei fratelli Savi con l'est europeo per traffici di armi e droga. Inoltre, uno dei componenti della famiglia dei sardi é stato recentemente arrestato in Albania, all'interno di una base ex-sovietica, dove risulta esservi un grosso deposito di armi e munizioni. La cattura è stata il risultato di un'operazione congiunta italo-albanese. Si deve inoltre ricordare che in una abitazione della famiglia sarda, a Sogliano al Rubicone, venne arrestato, nel dicembre 1986, il brigatista rosso Giuseppe di Cecco. In questo intreccio un ruolo particolare lo avrebbe svolto Eva Mikula, mentre dalle indagini emerge la figura di un italiano con passaporto francese, il tramite per i collegamenti con una certa Nelly, nome in codice del contatto bulgaro. Le intercettazioni telefoniche rivelano colloqui in tre, quattro lingue tra la Bulgaria e la zona di Rimini, con riferimenti a uno dei fratelli Savi, alla famiglia dei sardi oltre che a tempi e modi di consegne, mezzi di trasporto, procedure. Uno scenario che si sta esplorando affondo, entro cui un ruolo non marginale verrebbe ricoperto da certi servizi segreti dell'est.

MOVENTI

Sono due le tesi investigative in netto contrasto. Secondo la prima, il movente dei killers della Uno Bianca sarebbe stata l'eversione e le indagini sono infatti finalizzate all'individuazione del terzo livello: mandanti, complicità, coperture.
La seconda tesi, invece, individua il movente nel feroce desiderio di rivalsa di Roberto Savi. Messo sotto inchiesta a seguito di un episodio di servizio, il poliziotto si sarebbe sentito ferito nell'orgoglio e umiliato. Il mondo in cui credeva gli sarebbe crollato addosso. Secondo questa linea investigativa, l'uccisione dei tre Carabinieri al Pilastro, sarebbe stata parte fondamentale di un diabolico piano messo in alto da Roberto Savi: depistare le indagini dalla Uno Bianca alla criminalità locale, come in effetti accadde con l'arresto dei fratelli Santagata e di altri. Secondo gli inquirenti ne sarebbe derivato un delirio di onnipotenza.
Comunque rimangono gli interrogativi più inquietanti: le mancate perizie balistiche da parte dei primi inquirenti, il tardivo utilizzo degli identikit, il vuoto investigativo su eventuali collegamenti con il traffico di armi, i ritardi nell'individuazione dei fratelli Savi e le relative sanguinose conseguenze. Superficialità di valutazione, scollamento tra inquirenti e investigatori, oppure quale altra ragione?
Piero Baroni, giornale radio Rai.

Martedì 18 Luglio 1995
GR.1 ore 08.00

Il mancato controllo scientifico dll'arma usata per uccidere i tre Carabinieri al Pilastro, identificato dalla Polizia come un fucile semi/automatico Beretta AR/70, rimane un interrogativi inquietante,

98

ma altri particolari impongono delle riflessioni sulle anomalie di quella indagine: il giorno dell'acquisto a Sant'Agata Feltria (nelle Marche)di un secondo fucile da parte di Roberto Savi, coincise con l'omicidio a Castel Maggiore , di due persone, uccise proprio con quell'arma, come è risultato in seguito da una tardiva perizia balistica. In un interrogatorio, Roberto Savi riferisce che Pietro Gugliotta, un altro poliziotto suo complice, avrebbe detto di avere appreso da uno dei componenti della cosiddetta banda delle Coop, che un tal Grillo, probabilmente colui che teneva il sacchetto dei soldi, era stato ucciso per aver fatto la cresta su un bottino di 750 milioni.

Un particolare, ha precisato l'avvocato Roberto Bellogi- che rappresenta le famiglie dei tre Carabinieri assassinati al Pilastro, che poteva essere conosciuto solo da chi era all'interno della banda. Per inciso, si ricorda che sulla base delle testimonianza oculari, la polizia realizzò un identikit che era come una fotografia: quella di Roberto Savi.

Si era identificato il tipo di arma usato, si sapeva che Roberto Savi ne possedeva due, c'era l'identikit: perché non si collegarono questi indizi?

Sabato 22 Luglio 1995
GR.1 ore 08.00

Altri interrogativi inquietanti si addensano sulla vicenda della Uno Bianca e particolarmente sulla uccisione dei tre Carabinieri al quartiere Pilastro di Bologna. Le indagini sono da considerarsi ancora in una fase preliminare. L'avvocato di parte civile osserva che l'inchiesta dovrebbe basarsi sui fatti, senza inseguire ed evocare i fantasmi. Piero Baroni.
Roberto Savi possedeva due di quei fucili semiautomatici. Quale arma poteva essere più pulita e meno sospettabile di quella di un poliziotto?

Nell'addentrarsi nei meandri dell'inchiesta affiorano altre anomalie non sarebbero state svolte indagini approfondite sul livello di vita dei fratelli Savi e dei loro congiunti. Sul conto bancario della moglie di Roberto, Anna Ceccarelli, donna delle pulizie, sarebbero transitati centinaia di milioni. Numerosi indizi, rafforzati da testimonianze oculari, verbalizzate due ore dopo il triplice omicidio, convergono su uno scenario preciso: la sera del 4 gennaio 1991, al Pilastro, i fratelli Savi non sarebbero stati soli; probabilmente stavano consegnando un carico di armi a Marco Medana i due Santagata a Massimiliano Motta. Gli stesi giudici non lo esclusero in dichiarazioni pubbliche, ma ne segui solo una inerzia investigativa. Vi sarebbero pochi dubbi sulle collusioni tra i fratelli Savi, la Camorra e la mafia. Una delle famiglie dei carabinieri uccisi, recentemente ha revocato il mandato all'avvocato Roberto Bellogi. E quella famiglia abita a Caserta. Lo steso avvocato e stato avvicinato, consigliato e in seguito minacciato. La commissione stragi, però, ha declinato una sua richiesta di audizione. Non si vuole la verità processuale, sostiene il patrono di parte civile. Si cavalca la vicenda solo per questioni politiche.

DOMENICA 23.07.1995
GR.1 ORE 08.00

La vicenda della Uno Bianca. Anche il Sismi, il servizio segreto militare, avrebbe indagato e starebbe ancora indagando sui fratelli Savi, sulla loro effettiva attività e sui loro collegamenti.
Traffico di armi dall'Albania e della ex Jugoslavia. Contatti con una centrale albanese del nord Italia; forniture destinate non solo alla criminalità, ma anche a gruppi integralisti islamici decisi a creare piccoli depositi in varie zone della penisola e dei altri paesi europei. I fratelli Savi sarebbero stati uno degli anelli più efficienti di questa organizzazione. Le rapine sarebbero state dei diversivi e al tempo stesso delle fonti, sia pure minime, di finanziamento. Tra le ipotesi investigative anche i rischi connessi con possibili azioni di

terrorismo da parte degli integralisti islamici quali ritorsioni per l'immobilismo occidentale nei confronti della tragedia in Bosnia. Il Sismi avrebbe fatto ricorso a infiltrazioni per individuare collegamenti e contatti. Non sarebbero stati volutamente bloccati alcuni passaggi di armi e munizioni
per poter localizzare successivamente i destinatari e gli intermediari. Per ora, comunque, sarebbero due, in sintesi, le tesi contrapposte sul piano dell'attività degli inquirenti. La prima: i fratelli Savi sono stati individuati e smascherati dalla criminalità che minacciando di denunciarli li ha indotti a collaborare , fornendo armi pulite, informazioni e coperture.

Nell'insieme delle riflessioni imposte dall'analisi effettuata sulle sfumature scaturite dalle ricerche emerse la convinzione che la banda della Uno Bianca non fosse stata completamente smascherata. Alcuni dei suoi componenti sono ancora nell'ombra e in libertà. Le indagini non hanno scavato a fondo e alcuni sospetti emergono anche dalla presente <ricostruzione>.
Un indizio terribile pesa sull'intera vicenda. Riguarda il cosiddetto assalto all'armeria di Via Volturno a Bologna e il duplice omicidio di Licia Ansaloni e Pietro Capolungo, il 2 maggio 1991.
La titolare e l'impiegato, ex carabiniere, che prestavano le armi e fornivano proiettili non registrati ai fratelli Savi, in quanto agenti di polizia, per le prove di tiro in poligono: in realtà le armi erano utilizzate nelle rapine e negli omicidi, in particolare al Pilastro. Quando i due dell'armeria ebbero i primi sospetti, uno di essi si rivolse alla Questura, ma si confidò con la persona sbagliata. E i potenziali testimoni d'accusa vennero eliminati. I complici dei Savi, la loro copertura erano, e forse sono ancora, all'interno della Questura di Bologna- Una conferma, secondo fonti confidenziali, verrebbe dal fatto che i Savi ritrattarono le confessioni dopo un colloquio in carcere, con un funzionario di Polizia. Recentemente altro colloquio investigativo tra un funzionario della Questura di Bologna e uno dei fratelli Savi, in cella. Senza rispetto delle procedure previste. Alla domanda, il Savi non rispondeva in voce. Scriveva dei bigliettini che mostrava al funzionario e poi inghiottiva. Ci sono testimoni. Un altro particolare chiarisce il clima esistete all'interno della Questura di Bologna; nella camera di sicurezza dove

il capo della Uno Bianca venne rinchiuso dopo l'arresto, qualcuno scrisse sul muro: "Roberto Savi: sei un eroe".

(N.B.- secondo l'abitudine dell'inviato, sul retro del foglio dove è annotato il precedente appunto, vi è una data: per venerdì 10.XI.95).

CONFESSIONE

L'albergo aveva una hall confortevole. Situato in una traversa di Via Veneto, era facilmente localizzabile, ma allo steso tempo garantiva una sufficiente riservatezza. Nessuno fece caso al mio ingresso. Sulla sinistra, una serie di grandi vetrate brunite proteggeva dagli sguardi dei passanti, ma non impediva di osservare, tranquillamente, il traffico a senso unico, non molto intenso. L'uomo era stato sintetico, ma preciso nella breve conversazione telefonica.

- Alle 12.30. Nel primo salottino appena al di là dell'ingresso, a sinistra. Sul tavolo una copia de "Le Monde".

Tutto corrispondeva. Per un attimo ci osservammo. Era giovane, sui trent'anni. Carnagione olivastra, capelli nerissimi, come gli occhi. Naso regolare, volto affilato, ben rasato. Abito grigio, camicia bianca con gemelli d'oro, cravatta fantasia rosso e blu, con un motivo fine, tra l'elegante e lo sportivo. Mani affusolate, ma forti, bocca che sembrava tagliata con un rasoio, denti bianchissimi, che affioravano appena da un sorriso accennato, una specie di invito a mettere da parte ogni perplessità.

L'insieme era quello di un uomo sicuro, deciso, a proprio agio in qualsivoglia occasione.

- Si accomodi, prego.

Un lieve accento francese. Aprì la valigetta e ne trasse un foglio a righe, piegato in quattro. Notai subito qualcosa di familiare. L'uomo aprì il foglio lentamente.

- Ricorda?

La domanda era pleonastica. Sul foglio il mio nome, cognome, indirizzo, telefono. Tutto di mio pugno.

- Il colonnello la saluta.

Il colonnello ... Da mesi non avevo sue notizie. Lo aveva incontrato poco prima del suo rientro in patria. Una conversazione pacata e tranquilla davanti a due bicchieri di tè molto forte. Come d'abitudine.

- Abbiamo fatto un buon lavoro.

Era stato il suo commiato; poi mi aveva indicato l'immancabile notes a righe.

- Scriva qui ...

Abituato com'ero a non discutere le sue richieste avevo eseguito.
- Qualcuno riprenderà i contatti. Shalom.
- Shalom, avevo risposto, respingendo l'ondata delle domande che mi aveva assalito.

Una sola immagine affiorò, quella delle diapositive delle fregate missilistiche libiche riprese dall'elicottero.
- Ottime, aveva commentato quella volta il colonnello osservando gli angoli di tiro e analizzando con la lente d'ingrandimento le antenne e gli apparati di guerra elettronica.
- Inserirò i dati nel computer …

Non c'era bisogno di aggiungere altro. l'indomani le diapositive e l'altro materiale sarebbero stati a Tel Aviv e laggiù avrebbero costituito un buon argomento di lavoro.
- Il mio nome è Moshe, disse l'uomo strappandomi dai miei pensieri. Mi tese la mano. Gliela strinsi meccanicamente.
- Ci interessa questo, aggiunse senza preamboli. Il cartoncino che mi tendeva era elegante, ma anonimo. Sopra c'era scritto Scuola Media … Al mio sguardo interrogativo Moshe sorrise.
- Cerchi il segretario. Gli dica : il medico di Parigi ha il risultato delle analisi. Lui risponderà : mi auguro siano positive. Lei dirà: non ne sono sicuro. Chiaro?

Annuii.
- Bene … allora il segretario aggiungerà, il numero e quello giusto. Capito?

Era tutto chiaro. Il medico era lui, ne ero certo.
- Fa il doppio gioco, aggiunse Moshe. Ha una formula. La vogliamo. Gli dica che il medico di Parigi e disposto a trattare. Centomila … sino a duecentomila, ma con prudenza. Dollari naturalmente.
- Si presenti come intermediario di un gruppo svizzero. Il solito.

Il solito, appunto.
- Ci vediamo tra quindici giorni. Non qui. Telefono. Bonne chance …

- La scuola era in una strada vicino Viale Mazzini, una zona di Roma un tempo elegante, residenziale, ora decaduta. Una facciata decrepita, scolorita, zeppa di scritte, slogans, proclami, invettive contro tutto e contro tutti. Il segretario mi avrebbe ricevuto tra qualche minuto. Le frasi convenzionali filarono monotone. L'*ometto*, magro, semicalvo, sudaticcio, era sulle sue. Lo sguardo rivelava un forte nervosismo.
- Allora … fece, quasi che s'aspettasse di concludere subito.

Sorrisi appena, come per incoraggiarlo. Gli raccontai la storiella dell' intermediario. Volevo delle garanzie, un campione della merce. Segui un cenno di assenso.

- Quando? chiese.

Gli dissi che avrei telefonato.

- No … no …. Mi interruppe, niente telefono.

Era quasi una supplica. Mi accessi una sigaretta, per guadagnare tempo e lasciarlo rosolare ben bene.

- Preferisco incontrarla, prima …

Subdorai una trappola. L'ometto era solo un passacarte. Scossi la testa. Nessun ulteriore incontro interlocutorio.

- Ci sono capitato per caso, disse, ne voglio uscire, presto.

Fatti tuoi pensai. Volevo una garanzia. Lo vidi annaspare. Mi strinsi nelle spalle, come per dire, non se ne fa niente.

- Aspetti … Quasi mi implorava … voglio campare. Anch'io voglio delle garanzie.

Alzò gli occhi al cielo.

- Conosce la Bibbia?

Scossi la testa. Ahimè, non sono un letterato e ho poca confidenza con il Padre Eterno. Con tutto il rispetto, si intende.

- La sua casa conduce alla morte, le sue vie al regno dei trapassati. Quanti vi entrano non ritornano più, nè ritrovano i sentieri della vita. – Fece una pausa– Felice l'uomo che ha trovato la sapienza e colui che ha acquistato la conoscenza. Non dimentichi, soggiunse.

Registrai. Ho una particolare predisposizione per imprimermi nella memoria le citazioni, ma che cosa significavano quelle parole oscure?

- Voleva una garanzia, disse l'ometto, gliela ho appena data. Se -
- ... Avevo afferrato. Uno che rischia la pelle e non è del mestiere non bluffa. E se lo fa si vede: un lieve, quasi impercettibile tremolio agli angoli della bocca e una luce appena incerta negli occhi, la mancanza di saliva, il respiro accentuato.
- Allora? Mormorò nuovamente l'ometto. Gli lasciai condurre il gioco. Aveva carte deboli. La formula gli scottava tra le mani, non vedeva l'ora di liberarsene.
- Ho fretta, gli scappò detto. E subito dopo, quasi per riprendere in mano la situazione, sospirò. – Ci sono altre offerte.
- Centomila, sussurrai. Rise, nervosamente. Non era chiaro se soddisfatto o ironico.
- Dollari, franchi svizzeri, marchi? chiese. Non tratta, pensai. Ha proprio fretta o paura. Ma che formula era mai?
- E come? domandò. Non contanti. Accredito in Svizzera.
Era pratico, il bastardello.
- Bene! E si fregò le mani. – Dove?
Alzai le spalle, come per dire fai tu.
- Lunedi pomeriggio, al Sacro Cuore ... a Parigi, capito? Scartò irritato dalla mia imperturbabilità.
Subito feci due più due. Il medico di Parigi e il doppiogiochista, la formula e i cento e i sue centomila dollari. I primi centomila al segretario su un bel conto cifrato a Berna o Zurigo, i secondi centomila ... E la formula a chi? C'era un solo microfilm oppure quel giochetto riguardava diversi compratori?
Vicino allo stadio olimpico e a tutte le polemiche per i mondiali di calcio, c'è un ristorante. Il dottore mi aspettava alle 20.30. Prosciutto di Praga, stracciatella, filetto, asparagi, caffè. Niente dolci, niente frutta. Nessun liquore.
- Quando?
- Lunedi a Parigi. Sacro Cuore.
- Ah ... mormorò il dottore. Il sacro e il profano.
Sorrisi anche se la battuta era stonata.
- Domani al fermo posta, a Milano, aggiunse poi, con voce formale. Mi accinsi ad alzarmi.
- Un momento, disse il dottore trattenendomi garbatamente per un braccio. Mi accesi una sigaretta.

- Lei fuma troppo …

Forse, pensai, ma nella vita ci vuole tanta pazienza.

- Quel Mosche, è furbo, riprese il dottore(alla battuta stonata) La formula è stata rubata dalla loro ambasciata a Parigi. Rubata, trafugata … poi è stata recuperata dal segretario, almeno cosi dice Moshe. Ma il segretario ha la formula o è solo un periscopio? Se chi vende vuole godersi i tre milioni di dollari …

Mi venga un accidente! Tre milioni di dollari … e bravo Moshe, e bravo l' ometto. Se chi vende vuol comprare … Plastica facciale, nuova identità, una bella garanzia depositata a Vaduz o Monaco, oppure al Lussemburgo …

- Vada, disse il dottore, buona fortuna.

Alzandomi feci gli opportuni scongiuri.

Ne ero sempre stato convinto. Anche vestito con abiti civili di lusso il dottore non riusciva a nascondere del tutto l'uniforme. Pensavo a questo dopo aver pagato il taxi davanti alla piazzetta degli artisti vicino al Sacro Cuore. Parigi è sempre splendida. Invecchiando conserva il suo fascino. Passeggiai lentamente. L' appuntamento era nel giardino. Non c'era nessuno all'infuori di due vecchi con due cani. Aspettai. Riaffiorò il sospetto di una trappola. La quiete del luogo era piacevole. Per qualche momento mi rilassai, ma ebbi torto. Delle grida, strilli di donne, stridore di gomme, un tonfo cupo.

Un capannello di gente, su all'angolo, verso i primi negozi di souvenirs. Senza correre mi avvicinai, con la certezza che l'ometto non sarebbe potuto venire all' appuntamento. Per un attimo mi sentii perduto, meglio disorientato. Ma fu un attimo. Ci tengo a dirlo. Diamine, un momento di scoramento può capitare anche a uno come me. La busta ritirata al fermo posta conteneva anche la frase convenzionale per la via di scampo. Sul foglietto che dopo quattro secondi di esposizione all'aria si polverizzava c'era scritto: "CHAOS". Che figlio di puttana quel dottore! Arrivai a Bayeux nel primo pomeriggio. L'Hotel de Brunville è nel centro della città, al numero 9 di rue Genas-Duhomme. La caratteristica sono due cani che stazionano nella reception. Dopo una doccia e uno spuntino (il ristorante è veramente chic) noleggiai una macchina. Longues-sur-mer dista pochi chilometri. La zona è quella dello sbarco del 1944. "CHAOS" è il nome di una batteria della marina tedesca, da 152 mm, costruita nel 1943. Faceva parte del dispositivo voluto da Rommel per contrastare lo sbarco alleato nel più celebre dei D-Day. Le casematte con i pezzi di artiglieria sono ancora al loro posto. Il dottore era impegnato con tanto di Olympus, teleobiettivo e accessori.

-L'hanno ammazzato.-

La sua era un'affermazione, non una domanda. Se l'ometto fosse venuto all'appuntamento, pensai, sarei stato altrove e anche il dottore.

Mi guardai attorno. Una zona senza alberi su una falaise a nord-est di Longue-sur-mer. I quattro pezzi da 152 avevano un bel campo di tiro: una buona parte della baia della Senna:In quel momento eravamo come gli alleati nel giugno del '44, sotto il fuoco incrociato, terribile, senza possibilità di muoverci.

Reciso il filo dell'ometto,potevamo sperare solo nella fortuna. Valeva la pena di domandarsi chi lo avesse fatto fuori?

-Va bene- disse il dottore- qui resistettero tre giorni. I cannoni vennero messi fuori combattimento da due incrociatori, uno inglese e uno francese. I bombardieri avevano fatto poco danno. Non me ne fregava niente. Perché mi avevano fatto arrivare sino lì? Non ebbi il tempo di chiederlo.

-Questa è una buca per lettere, mormorò il dottore. Capirai, mi dissi. Potevano sceglierla più vicina a Parigi.

Il dottore si avvicinò alla casamatta numero due. Scattò un paio di foto, poi fece il giro attorno al bunker ed entrò. Uscì pochi minuti dopo.

Camminammo. Eravamo soli. Quella non era stagione di turisti. Eravamo un bel bersaglio, ma non c'erano incrociatori nei paraggi. Il dottore aprì un piccolo contenitore di plastica. Svolse il rotolino di carta. Lesse e si mise a ridere.

-Fantastico, commentò, porgendomi il messaggio. "Trecentomila, Sainte Mère Eglise, Domani. Aliante".

Era stato l'ometto o qualcun altro? Alzavano il prezzo e ci facevano fare del turismo storico.   L'indomani ci mettemmo in viaggio. Il dottore sapeva tutto di Saint Mère Eglise. Avevo visto il film "il giorno più lungo" e mi ricordavo del paracadutista rimasto appeso al campanile durante i violenti combattimenti tra americani e tedeschi, ma tutto lì. Il museo è diviso in due parti.

Andammo subito nel padiglione dove tra l'altro è conservato uno degli alianti usati il 6 giugno 1944. Lo si attraversa dal lato più stretto della fusoliera. C'era poca gente. Il dottore mi precedeva.

Prima di varcare il portellone,finsi di inciampare. Ci ritrovammo fuori, nella piazza della chiesa. Appeso al campanile un manichino di un parà americano con il paracadute impigliato nel campanile. Una testimonianza forse ingenua, ma da queste parti il 6 giugno 1944 è ancora presente.   Si è sovrapposto alla vita.

-Sono abili, commentò il dottore.

Aveva in mano una busta di biglietto da visita. Tolse il cartoncino. Scritto in stampatello un breve messaggio: "Qualcuno aveva suggerito a Hitler di usarli per bloccare lo sbarco, ma lui non v olle usarli".

-Mio dio, fu il commento del dottore. La formula …

Francamente non compresi. Era solo un messaggio criptato, una presa in giro. Come poteva essere in codice? E poi … cos'era che Hitler non aveva voluto usare?

-I gas … - disse il dottore precedendo la mia domanda.

E ci hanno fatto fare tutta questa strada? Pensai. Una cosa però l'avevo afferrata. E in quel casino non era poco. Moshe voleva recuperare una formula e forse era quella di un gas asfissiante, un gas nervino molto più potente di quello che i tedeschi già possedevano durante la seconda guerra mondiale e che non avevano usato. Forse c'era un collegamento tra la formula e il fatto che per scoprire l'arcano eravamo dovuti arrivare sino alle coste della Normandia.Ma si! Come mai non ci avevo pensato prima. Una volta il colonnello me ne aveva parlato. "Quando l'aria si fa pesante, aveva detto, vado al mare, in Normandia!". Il colonnello!? Non era tornato a Tel Aviv. Se lasciava messaggi, come quando era a Roma, poteva solo significare che la formula era nelle sue mani e che stava lavorando come indipendente.

-Solo in due precedenti occasioni il colonnello ha usato "CHAOS", mi stava dicendo il dottore: prima dell'attentato a Fiumicino e durante il sequestro dell'Achille Lauro.

-Ma perché così lontano?, chiesi. Mi sembrava assurdo e grottesco - All'ambasciata di Parigi c'era stata una fuga di notizie. Durante un controllo avevano scoperto due microspie. Convenimmo di ricorrere a questo mezzo in casi importanti. Ricevevo una telefonata in una casa sicura. "Domenica andiamo a caccia". Il colonnello era abile e prudente. Poi accadde qualcosa. Dopo una telefonata convenzionale non trovammo il messaggio a "CHAOS".

Qualcuno aveva fatto il doppio gioco, all'ambasciata. Aveva pedinato il colonnello e prelevato il messaggio Ovviamente si sospettava di tutti. Il colonnello venne richiamato a Tel Aviv.

Cristo ... mormorai, siamo tutti bruciati. Dopo l'ometto tocca a noi. Una domanda mi ronzava nel cervello. Perché il colonnello era tornato in circolazione? Ma certo! Per smascherare l'agente doppio! Chi dei tre? Il dottore, l'ometto o Moshe? Io ero escluso, non avevo alcun contatto con Parigi. Però si poteva supporre che l'agente doppio mi avesse istruito ben benino. Il dottore dopo alcuni minuti di silenzio, riprese il racconto.

"Ricevetti nuove istruzioni. Per mettermi in contatto dovevo telefonare a un certo numero e pronunciare una sola frase: "dottor Pierre, le analisi sono pronte". Non ricevetti alcuna risposta. Smisi subito di usare quel numero. Ci rendemmo conto di essere stati infiltrati.. Se penetrazione c'è stata, e non ci sono dubbi, si è avuta in Francia. Si avviò continuando a parlare: "Per proteggerlo abb ..."

Era a favore di vento, che soffiava, teso, dal mare; Non poteri afferrare il resto della frase. Una riflessione ad alta voce. Le parole mi sfuggirono in direzione della pianura dove erano dilagate le truppe alleate dopo le prime settantadue ore di crisi sulla spiagge della Normandia.

Una delle mie passeggiate preferite, a Roma, è quella a Piazza San Pietro. Prevede la visita alla Basilica e due chiacchiere con un sacerdote, mio compagno d'infanzia, uno che ha fatto carriera e che vuole portarmi sulla retta via: farmi smettere di fumare .Sembrerà strano, ma è così.

Gli rispondo sempre che il mio governo non vuole fare concordati. A Piazza Risorgimento prendo l'autobus.

Ero a bordo aspettando che l'autista e i suoi colleghi concludessero la puntata sui commenti relativi alla partita, quando lo vidi: giacca a vento blu, pantaloni grigi sgualciti, senza cappello e senza guanti. Che ci faceva a Roma in veste così dimessa? Scesi dal mezzo con una certa agitazione. Mi avvicinai.

-Colonnello …

Si voltò distrattamente, quasi che il grado non lo riguardasse. Mi fissò con i suoi occhi freddi, mi mise a fuoco. Intuii che fosse sulla difensiva.

-Colonnello, ripetei, meccanicamente. Mi tese la mano: una stretta energica, come sempre. Una sorta di messaggio inconfondibile. Ci appartammo.

- Lei a Roma …

Anch'io, adesso, pronunciavo parole stonate.

-Di passaggio, rispose con tono salottiero. Lo guardai e lui avvertì la mia incredulità.

-Sono in un altro continente, adesso, soggiunse.

Non mi si accesero le immagini della memoria. Rimasi zitto a guardarlo, avvertendo un crescente disagio. Il colonnello apparentemente era tranquillo, disinvolto, per nulla infastidito da quell'incontro casuale e nello stesso tempo significativo.

-Il dottore sta bene? chiese educatamente.

Non risposi. Il dottore, a quanto mi risultava, continuava il suo lavoro in un altro settore. La formula era finita in chissà quali mani, nessuno aveva intascato i tre milioni di dollari e nemmeno i cento o duecentomila. Almeno così pensavo.

-Ho saputo … sussurrò il colonnello

Al ritorno dalla Normandia mi avevano cortesemente invitato a rientrare nell'anonimato. Con molti ringraziamenti per il buon lavoro svolto. Una cosa sbrigativa, in un bar del centro dove ero rimasto come impietrito davanti a un bicchiere di the molto forte. Non mi ero neppure acceso una sigaretta nel momento culminante, perché stavo già fumando. E così non ebbi nemmeno l'ultimo gesto.

-Colonnello, ripetei come un cretino. Scoppiò a ridere.

-Lei, mi disse, ha sempre avuto troppi ideali, E' in gamba, ha lavorato bene, ma è razionale.   Eppure adesso dovrebbe aver capito.

Aveva ragione: avevo capito, ora.

Il punto di partenza erano state quella diapositive. Un buon lavoro. Un documento importante su una minaccia seria. Missili anti-nave con ampia gittata; armi difficilmente neutralizzabili se usati da mani addestrate. Poco dopo il colonnello era rientrato in patria e io gli avevo scritto i miei dati su quel foglio a righe. Dopo pochi mesi era apparso Moshe, con quelle credenziali e con la richiesta della formula. Ma quale formula?

L'ometto non solo non aveva mai pronunciato la parola <formula>, ma non aveva fatto alcun riferimento a qualcosa che lontanamente potesse far pensare ad una formula.

Non era solo l'ometto a fare il doppio gioco, ma lui era una pedina. Piccolo cabotaggio, furbo, questo si. Sotto certi aspetti pareva una faina: forse era riuscito a entrare nel pollaio. Sapeva chi era il vero agente doppio.

La formula! La chiave era tutta lì, nella frase convenzionale per mettersi in contatto con Parigi.

Com'era la frase? "le analisi sono pronte …"

-Non pensi al passato, disse il colonnello.

Come aveva detto il dottore? Dopo una telefonata non avevano trovato il messaggio. C'era logica nel chiedere un messaggio telefonicamente e dover andare poi sino in Normandia per averlo? Qualcosa non quadrava. C'era stata una fuga di notizie. Da dove? Chi era il dottor Pierre, al quale si comunicava che le analisi erano pronte? E perché due messaggi?

Una furibonda confusione mi stava assalendo. Avevo capito, ma non avevo le prove. Mi sfuggiva l'ultimo anello della catena.

-Addio, mi disse il colonnello.

-La telefonata …

-Come ha detto?

-La telefonata. Era l'anello che mi mancava. Ora è tutto chiaro. Moshe ha fatto il doppio gioco.

La confusione era svanita.

-Ha cominciato con quelle diapositive. Poco dopo aver avuto l'informazione, lei lasciò Roma ma non tornò in Israele perché già sospettava che vi fosse una fuga di notizie. Dottor Pierre è la prima chiave di accesso al computer. Le analisi sono pronte è la seconda parola chiave, quella che comunicata telefonicamente assicura che le informazioni sono disponibili. I dati sulle fregate missilistiche lei le aveva inserite nel computer. Ci fu una penetrazione, ma non a Parigi. L'informazione giusta era stata passata all'uomo sbagliato. L'ometto era convinto che l'agente doppio fosse lei, colonnello. Per questo parlò con Moshe.

-Lei è razionale, ma ha troppi scrupoli – replicò il colonnello- il Segretario, l'ometto, come lo chiama lei, era diventato troppo curiosi e troppo avido. Un pericolo,Parlava troppo e i suoi nervi stavano per cedere.

Aveva ragione. Eh sì!, aveva proprio ragione. Era tutto chiaro.

-E Moshe? Chiesi a bruciapelo. Una domanda idiota, come tutto il mio comportamento in quell'operazione. Ero stato il punto sicuro per tutti.

-Moshe? Ripetè meccanicamente il colonnello.-Mai lei li legge i giornali?

-Non in questi ultimi tempi, risposi freddamente, non quelli giusti. Rise divertito.

-Hanno trovato un uomo morto in treno, una ventina di giorni fa, in Francia.

-Senza documenti,senza segni particolari, irriconoscibile, immagino …

-Vede che ho nuovamente ragione … Lei arriva sempre al dunque.

Aveva ragione, ma io non avevo torto. E glielo dissi. Era indispensabile se non altro per dimostrare che tutto sommato non ero stato un elemento puramente strumentale nel sottile e perfido gioco condotto durante i lunghi mesi tra Roma, Berna, Zurigo e Parigi. Per troppo tempo mi ero imposto di non pensare al di là dello stretto necessario.

-Quando mi hanno dato il benservito, ripresi. Ci rimasi male. Mi sarei aspettato qualcosa, moralmente, intendo. Tre anni di collaborazione non sono pochi. Un accumulo di ricordi, si crea un

rapporto umano anche se nel nostro ambiente non è prudente e
neppure opportuno. Però ... comunque ho superato il momento
difficile. Sono abbastanza tranquillo.

-Cosa fa adesso?

-Lavoro in un giornale: cronaca, qualche viaggio, Roba da poco.
Ma è interessante, molto meno complicato.

-Nostalgia?

Eh! Qualche volta. Se ripenso all'ultima missione ... ci ho pensato
spesso e ... lei non ci crederà, ma mi è dispiaciuto per l'ometto. Mi
sono chiesto se era proprio necessario. Così ho cercato di riflettere,
tanto per passare le serate. Quando uno è solo, la televisione dopo un
po' annoia. Leggo molto, questo sì, adesso posso farlo. Anche
l'antico testamento. "La sua casa conduce alla morte, le sue vie al
regno dei trapassati". Conosce? Adesso ho tutto il tempo per
riflettere. Capita, qualche volta, che dopo alcune pagine, la notte, mi
metta a pensare. La logica, l'abitudine. Diventa quasi automatico. Un
vecchio esercizio. Ricorda? "Sarebbe possibile avere la fotografia di
quel missile? Si ... l'interno della testata e poi ... i disegni. Metta
questo orologio ... basta fare così ...".
Così è cominciata. Non che il nostro lavoro fosse o dovesse essere
divertente, no. Comunque aveva, tutto sommato, una certa
razionalità Invece l'ultima volta ....Pensa e ripensa, ho ricostruito i
vari passaggi e sono arrivato a una conclusione. Quella in
Normandia è stata una messa in scena. <CHAOS> è certo il nome di
quei cannoni da 152 della marina tedesca, ma è anche la parola
chiave per entrare nel calcolatore più riservato e protetto
dell'ambasciata, tramite il quale si può arrivare ad altre
informazioni, ad esempio agli agenti doppi. Lei e il dottore avete
architettato una bella farsa. Sospettavate che Moshe si fosse
accordato con il segretario. Tre milioni di dollari per vendere la
formula ... Se l'affare andava in porto chi avrebbe potuto scoprire il
trucco?
La parola chiave voi la conoscevate e la conosceva anche l'ometto.
Lei e il dottore vi sareste spartiti i quattrini. L'ometto era ormai
bruciato. Moshe aveva compiuto la sua missione. Tutti contenti. Mi
avete messo in mezzo. Ero l'alibi per tutti.

Se la Centrale avesse aperto un'inchiesta, il risultato sarebbe stato scontato. L'ometto faceva il doppio gioco. Che provvidenziale quell'incidente al Sacro Cuore! Un incidente vero, genuino. La parola chiave era stata cambiata. Le persone sostituite, io buttato fuori …

Il colonnello non sorrideva più . Si rendeva conto che stavo per arrivare al punto.

Interrotto il circuito avreste continuato più o meno tranquillamente.

Qualche cambiamento logistico e sareste tornati a caccia.
Eliminato Moshe, un agente doppio tanto comodo quanto pericoloso, chi avrebbe sospettato di voi? Vi siete dimenticati solo della mia immaginazione.

Ora gli occhi del colonnello erano divenuti due fessure. Stavo rischiando, ma qualcosa di indefinibile mi spingeva a parlare.

-Se l'appuntamento con l'ometto a Parigi non fosse andato a monte, ci avreste tolti di mezzo entrambi. Invece, dopo, avete pensato di cambiare tattica. Vi facevo più comodo da vivo. Però dovevate fornirmi tutti i particolari, i retroscena. In Normandia, appunto. Ed èqui che è scattata la mia immaginazione. Lei aveva consegnato a Moshe quel foglio con i miei dati. Non lo avrebbe fatto se Moshe fosse stato un agente doppio. Non ne avrebbe avuto bisogno.

Moshe conosceva due particolari che garantivano per lui. Primo: sapeva che l'ometto faceva il doppio gioco e poteva averlo saputo o da lei o dall'altra parte: Secondo: non conosceva né l'ometto, né il dottore.

La parola chiave era stata cambiata, questo si, ma il canale di accesso era sempre il medesimo e non CHAOS, ma il numero telefonico per andare a caccia.

Moshe come avrebbe potuto non sapere tutto se fosse stato a conoscenza   di quel numero? Che bisogno avrebbe avuto di stringere i panni addosso al segretario tramite me per mettere lei e il dottore in affanno?

L'ometto si era reso conto del pericolo e avrebbe parlato in cambio di certe garanzie.

Il numero telefonico della sua villa in Normandia, colonnello. Quello
è stato il fulcro di tutta la faccenda.

La formula. La conoscevate solo in due, lei e l'ometto. Un numero
che opportunamente combinato permetteva di accedere al computer
nascosto in casa sua, la bella villa costruita su un bunker tedesco

Tramite quel computer, lei passava le informazioni l suo contatto:
l'ometto, innocuo, fragile, più furbo di quanto lei avesse potuto
pensare. Ma era stanco. Voleva fare il salto. Lei aveva spedito il
dottore in Normandia perché era certo di un fatto: una volta
incontrato l'ometto, questi vi avrebbe portato alla villa.

Solo così gli avrei garantito di campare ancora. E per distogliere i
miei sospetti lei aveva organizzato quella diversione. Ma non ha
pensato a un particolare, colonnello. Moshe doveva farsi vivo dopo
quindici giorni e non lo ha fatto e neppure ho ricevuto il solito
messaggio nel caso di rinvio o di un cambiamento di programma.
Quindi:. o lo avevate già eliminato, oppure Moshe aveva cambiato
squadra. E' l'unico particolare che non potrò chiarire.

L'autobus se ne era andato. La discussione sulla partita di calcio
era finita in parità, presumibilmente. Accade sempre così.

Non si può sempre vedere chiaro sino in fondo. Anch'io me ne
andai e senza voltarmi, nemmeno per un attimo. Nella moviola del
cervello sfilò una serie di numeri. Dai Proverbi. Dalla Bibbia..
Quelle parole, in un primo momento oscure, erano limpide, come
acqua di fonte. Il merito non era mio, ma del mio amico sacerdote.
Mi confessai egli raccontai tutto e così potei decifrare il messaggio

*"Or dunque, o figli, ascoltatemi:/Beati quelli che battono le mie
vie./Ascoltate i miei avvisi per diventar saggi/ Non li ricusate/ Beato
l'uomo che mi ascolta/ E veglia ogni giorno alla mia porta/ E
aspetta all'ingresso della mia casa./ Chi troverà me avrà trovato la
vita/ E riceverà dal Signore la salute./ Ma chi peccherà contro di me
farà torto a se stesso./ Tutti quelli che mi odiano amano la morte".
(Proverbi- <La sapienza rinnova il suo invito> 32/36).*

Il dottore si era complimentato vivamente. L'ometto era stato
molto più in gamba di quanto avessi mai sospettato e il suo lavoro lo
aveva fatto bene. Meglio di me.

Mi si accese la memoria. Mi piaceva pensare che il vento mi avesse restituito le parole rapite sulla costa della Normandia. L'ometto era stato protetto sino all'ultimo.

Lo avevo capito troppo tardi.

Lo dice anche la BIBBIA.

"I loro sentieri sono tortuosi e obliqui i loro passi".

CONGEDO

Vi sono degli appunti e delle notazioni dotati di un potente richiamo al recente e meno recente passato: meccanismi difficili da inquadrare, ma molto forti nel riaccendere le immagini captate durante momenti straordinariamente coinvolgenti di alcuni <servizi>, apparentemente quasi scontati : ad esempio una udienza a Rimini nel processo ai fratelli Savi e alle loro <imprese>.

L'aula di Corte d'Assise era stata ricavata, almeno così ricordo, in una grande stanza di un ex supermercato o di una ex scuola, nell'area nord-occidentale di Rimini, dove la statale Adriatica si biforca: a sinistra nasce o si protende la Via Emilia, dall'altra-prosegue o si snoda, l' Adriatica che punta su Ravenna da dove poi si dirama la celebre, di nome, statale Romea, rimasta nelle intenzioni per quanto attiene a funzionalità nel dirigersi a oriente, Venezia e pianura veneta-friulana.

Era Novembre, mi pare, dato che in seguito, rientrando verso Roma fummo colti, Fanny e il sottoscritto, da una nevicata. Le sorprese dell'Appennino umbro-marchigiano.

Eravamo stanchi, ma decisi a raggiungere la Capitale e casa nostra, anche perché l'indomani, all'alba (poco prima delle ore 04 .00), sarei dovuto essere in redazione, non ricordo se al Babuino o già a Saxa Rubra, comunque pronto a trasmettere il servizio sulle <ultime> del processo).

Non mi sono mai sorpreso delle mie stranezze. Le ho sempre accettate come la parte sconosciuta e misteriosa del mio carattere e delle mie reazioni istintive, una sorta,queste ultime, di auto protezione, quasi una via di fuga dalla realtà o da qualcosa che inconsciamente , forse addirittura animalescamente, ritenevo pericoloso.

Accadde proprio poco dopo la fine di quella udienza che ebbi chiara, trasparente, la scansione della mia carriera di giornalista.

Dopo un primo periodo, abbastanza lungo, durante il quale avevo dovuto subire le regole del gioco, cioè a dire orari non proprio piacevoli, tipo di lavoro piuttosto marginale, anonimato, in sostanza, una sorta di bassa manovalanza di redazione, si è passati ad una fase di gestazione caratterizzata da alcuni colpi ad effetto dovuti alle conoscenze maturate, alla capitalizzazione di contatti scaturiti non certamente dal fatto di essere, come allora ero, un redattore ordinario -(bassa forza, appunto)- del Giornale Radio della RAI, ma – necessario precisarlo – dal fatto di avere un patrimonio di conoscenze, pregresso, piuttosto cospicuo nel mondo industriale (industria militare in particolare) e finanziario. Mondo industriale che mi aiutò indirettamente a costruirmi una competenza specifica nel settore con accesso a informazioni di primo piano nell'ambito dei programmi, dei progetti e delle idee che scorrevano anche oltre confine. In quella fase cominciai ad essere apprezzato per la tempestività nel fornire ragguagli in merito a disegni e programmi riguardanti gli orizzonti dell'Europa che contava nel campo dell'industria tecnologica avanzata e, quindi, ad essere tenuto in conto(ma senza alcun particolare riguardo) da alcuni capi-redattori e questo soprattutto nel quadro delle notizie estere. In sostanza, detti capi si appropriavano delle informazioni che fornivo, con cautela e con misura, e ne traevano vantaggi personali nella sottile e non sempre leale guerriglia per appropriarsi di benefit e altri riconoscimenti. Al Babuino c'era chi mormorava che negli ampi e lunghi corridoi, volavano i coltelli.

Con il trascorrere del tempo, la mia reputazione si ampliò e consolidò (suscitando anche invidie e maldicenze, mi classificarono una spia dei <servizi>) cominciai così a trarre vantaggi professionalmente: in poche parole mi usavano come inviato speciale nel campo delle iniziative NATO, della Difesa in generale, della cronaca di primo piano, ma sempre con il rango di redattore ordinario. Da parte mia ampliavo le conoscenze personali e al tempo stesso la considerazione da parte di comandanti militari e di personaggi di livello, raggiungendo in tal modo la possibilità di disporre in anteprima, di particolari e scenari tecnici, di spessore crescente, raggiungendo infine il livello di esperto di problematiche militari con la possibilità di accedere a fonti di alto rango, anche nell'ambito NATO.

Mentre il mio avvocato osservava stupito, e critico nei miei confronti, che il GR. non riteneva di attribuirmi la qualifica di inviato speciale, da parte mia vi era sempre un rifiuti istintivo ad aderire all'invito del mio Legale. Non ho mai fatto ricorso al servilismo e alla piaggeria. "Un Baroni, tuonava mio padre, tra una cinghiata e l'altra, quando ero un piccolo scricchiolo, pelle e ossa, disubbidiente, ribelle, non cade mai al livello di un lacchè".

Un bel giorno, comunque, dopo essere stato benevolmente rimproverato da un alto Ufficiale Ammiraglio che mi onorava della sua considerazione (e che sapeva cosa i Baroni avevano fatto nel Risorgimento (dieci giornate di Brescia e difesa di Roma,1849, comando di un battaglione di Bersaglieri di Luciano Manara) e nella seconda guerra mondiale (medaglia d'oro al v.m., appunto in Marina) e ricordando, il sottoscritto, ciò che molti anni prima gli aveva detto il Conte Fernando Gori: "Mio giovane e nobile amico, rammenti(!!): la modestia è la virtù dei fessi ", dissi all'avvocato di avviare la causa contro il GR. RAI. Vi furono alcune udienze, venne a deporre anche il direttore del GR. Dottor Zanetti, il quale ebbe il <coraggio> (o la sfrontatezza?)di dichiarare che persino il direttore del Giornale Radio della RAI scriveva le notiziole di due righe e che pertanto il sottoscritto non aveva alcunché da recriminare o, peggio, pretendere. Ma qualcuno in RAI sapeva che si trattava di squallide puttanate, di emerite porcherie e che il sottoscritto non cercava protezioni politiche : a un certo punto gli avvocati della RAI, grondando (o fingendo) imbarazzo, dissero al giudice che l'Azienda si ritirava e avrebbe riconosciuto la qualifica di inviato speciale, con la dovuta retrodatazione.

Ricordo che il magistrato si rivolse a me dicendo. " Lei si fida di questi!?". E concluse affermando: "Se non mantengono quello che qui hanno dichiarato, Lei torni subito da me!".

Con tale viatico, divenni un inviato speciale della RAI Radiotelevisione Italiana.

Non ho mai amato o stimato l'Azienda, ma solo ed esclusivamente il mio lavoro. Ho fatto il mio dovere con risultati persino brillanti (mi fu detto), e la RAI mi ha pagato lo stipendio. Ma al compimento dei 65 anni, me ne sono andato in pensione, senza cerimonie e senza salutare alcuno. Me ne sono uscito tranquillo e senza clamori,alla chetichella, come ero entrato tanti anni prima. Solo una <collega>, carina e gentile, ebbe la bontà di salutarmi, privatamente, in un momento successivo, sfiorandomi le guance con il suo bel visino. Un ricordo gradevolissimo.

Poi ho affidato a un libro ("Clandestino in RAI- Giornalista senza d.o.c.") una buona parte delle mie esperienze. Nessuno ha potuto eccepire alcunché. Solo i tecnici radiofonici che mi avevano sempre assistito con competenza e gentilezza, anche nel mio lavoro di inviato, pure nelle situazioni delicate e difficili di <prima linea>(a terra e in mare), che non furono poche, mi dissero, sfoggiando il loro celeberrimo sarcasmo e la loro apprezzabile e apparentemente sfrontata, arditezza, " ... a ... Barò, ne potevi raccontà de storie ..." hai fatto bene a non <fallo>, concludevano. Manifestando una spiccata, rarissima , squisita signorilità: un'autentica classe.

Uno stile, raffinato, sconosciuto nelle stanze decisionali del Babuino e a Saxa Rubra.(fine).

NOTA DELL'AUTORE

Sono sempre le documentazioni originali a consentire di percepire quale sia stato il clima operativo entro cui doveva manovrare l'inviato speciale. Qui di seguito si propone un esempio (da notazioni reperite casualmente, ma non per questo meno attendibili).

" Da V. Piero Baroni- attualmente in Puglia per l'inchiesta sulla prostituzione, voluta dal Dottor De Martino. Tel 335/8075890) Mercoledì 08.04.2001

Alla Signora LAURA PEPE- Capo Servizio – RAI GR.-Cronaca- Saxa Rubra-Roma.

1) Per l'inchiesta, qui, vedrò l'ultima <fonte>, sabato mattino. Rientro nella medesima giornata.
2) Per il viaggio all'estero – di cui Lella sa e il Direttore ha autorizzato- mi sono già à stati fissati alcuni appuntamenti. Prego, pertanto, di far predisporre il foglio di viaggio. Grazie.

3) Partenza il 26 aprile p.v.. Roma-Lugano-Zurigo-Basilea-Wiesbaden- Lussemburgo- Bruxelles- L'Aja-Caen- Lione (auto propria)- Anticipo Lire 5.000.000. Rientro 11 Maggio. Obiettivi: criminalità organizzata- riciclaggio- immigrazione clandestina- prostituzione- etc.
4) Grazie dell'attenzione. Cordialità- V. Piero Baroni.

Dal 16.04 al 21.04 Puglia
22.04 Domenica allestire 3 servizi per GR.2
24.04 Martedì, ritirare anticipo. 26.04 partenza, ritirare stipendio.
Lunedì 23.04 telefonare a Bollag Lugano, per incontro il 27.04 e poi telefonare a Bollag, Zurigo. Poi L'Aja Dr. Marotta (Europol), poi Lione, Dr. Dispenza (Interpol)
Cercare i numeri di Limes.
Col. Giorgio Bartoletti Comandante Provinciale Lecce, GdF.
Clandestini rintracciati:
(Anno 2000)Gennaio 1.128/ Febbraio 693/ Marzo 473 (Totale 2.294)
(Anno 2001) Gennaio 886/Febbraio 754/ Marzo 563.(Totale 2.203)
Per nazionalità (le aliquote più numerose) Gennaio 2001: su 886 – 578 irakeni, curdi, poi albanesi.
Febbraio 2001: su 754 irakeni 415, albanesi 246, turchi 40
Marzo 2001- su 563 in maggioranza irakeni e albanesi/ kosovari, e anche algerini e marocchini.
Richieste di asilo politico: nel 1999 su 26.072 clandestini rintracciati, 8656 domande dopo la <qualifica> di <sono rifugiato politico>.
Nel 2000, su 13.729 clandestini rintracciati: 9.185 richieste di asilo politico.
Per due gommoni fermati, 4 passano, quindi: su 6 si blocca il 30%, clandestini rintracciati o spontaneamente consegnati sii. Meno di 1/3.

La catena della prostituzione:
1) La promessa di lavoro (cameriera, barista, domestica, etc.) e la ragazza paga questo procacciatore nel suo paese di origine.

2) Trasferimento (ad esempio in Romania) Qui vengono segregate, quasi sempre violentate, e vendute all'asta (e private dei documenti).
3) Trasferite in Italia (Salento) e ripartite nei vari mercati.
4) In ogni Paese vi è un'organizzazione, quindi itinerario: Moldavia, Bielorussia, (anche)Ucraina, Romania, Serbia, Montenegro, Albania /scafisti). E a tutti devono denaro che pagano prostituendosi (obbligate).
5) Rimangono nei vari paesi 1-2 settimane e sono usate dai vari <padroni> nella prostituzione , poi, in Occidente, continuano in circoli privati, club, saloni di massaggi, appartamenti o vengono vendute a singoli utilizzatori che le schiavizzano in casa.
6) La catena dei <passaggi> ha compiti e regole precise. Una minima percentuale di ragazze (in media di 18-20 anni) quando arriva in Italia trova il coraggio di denunciare gli sfruttatori e chiede di accedere al programma di protezione sociale.

Appendice

- " Gradirei … disse l'ammiraglio".

Mi accadde una sola volta di essere oggetto di un tentativo di condizionamento. E considerato l'arco di oltre trent'anni di attività, non si può dire che mi sia andata male. L'aspetto curioso dell'episodio si riferisce al fatto che il tentativo riguardò non la mia funzione di giornalista/inviato speciale del Giornale Radio della Rai, ma il mio ruolo di scrittore.

Non mi è mai passato di mente di essere un autore di rango o da <prima pagina>. Scrivere libri, per me è solo e sempre stato un modo per tradurre in pagine un lavoro di ricerca teso a dimostrare quanto di pessimo e di orrendo fu fatto nel decennio degli anni "trenta" del XX secolo, nella preparazione alla decisione di entrare nel secondo conflitto mondiale, nella concezione strategica elaborata (?) dal Comando Supremo, e via dicendo: muovendomi in un insieme di sabotaggi, mistificazioni, adulterazioni dei documenti, mistificazioni e truffe, e in particolari di tradimenti, coperti, mascherati dall'articolo 16 del cosiddetto trattato di pace, in effetti un diktat imposto all'Italia e dagli italiani all'epoca collocati strumentalmente nel ruolo di governanti, accettato , miseramente.

Non spetta a me affermare che le mie ricerche e le mie pubblicazioni abbiano conseguito il risultato voluto, certo è che, salvo mio errore, nessuno ha mai contestato quanto scritto e documentato.

Indubbiamente il ruolo di redattore, prima, inviato speciale poi del GR. RAI non è mai stato utilizzato dal sottoscritto per propalare mie convinzioni o miei risultati concernenti gli avvenimenti e le questioni trattate nei miei libri. I due aspetti della mia attività sono sempre stati tenuti divisi, addirittura in due distinti compartimenti stagni, l'uno rispetto all'altro, non avendo mai alcuna delle direzioni del Giornale Radio RAI, susseguitesi negli anni, manifestato attenzione e/o interesse verso argomenti concernenti il conflitto 1940/1945.

La mia libertà, entro tale dimensione storica o storiografica, che dir si voglia, è stata completa e mai sfiorata da alcunché di natura contrattuale.

Erano noti alla Direzione del GR. i miei eccellenti rapporti con le Forze Armate, segnatamente con la Marina Militare, e le costanti collaborazioni con le medesime, nell'affrontare argomenti della sicurezza e della difesa, anche in dimensione NATO,come pure la mia costante presenza , sempre come inviato speciale RAI, in occasione di esercitazioni a grande respiro, di eventi rilevanti anche fuori area, e conseguentemente, la mia possibilità di acquisire informazioni di prima mano proprio da alti comandi, che mi onoravano della loro considerazione, ma il tutto sempre e soltanto nel rapporto di fonti ufficiali con un giornalista autorizzato dalla sua direzione, nel quadro di eventi di cui era possibile reperire e diffondere notizie.

Nulla di men che corretto e aperto.

Qui non si tratta, sia ben chiaro, di dover giustificare qualcosa. Semmai si intende chiarire che i rapporti tra alti ufficiali e l'inviato erano questione limpida.

L'obiettivo consisteva nel fornire all'opinione pubblica notizie corrette sull'attività svolta dalle Forze Armate nelle operazioni condotte all'estero, nel quadro delle iniziative tese a salvaguardare la pace. L'inviato, infatti, fu presente e sovente , nel Golfo Persico, in Irak, in Somalia, in Albania, nei Balcani,in Ungheria in Romania, in Bulgaria, in Turchia, in zone critiche dell'ex Unione Sovietica (Chernobyl, ad esempio), nella DDR, durante le sue ultime giornate di esistenza, testimoniandone, con i servizi trasmessi da Berlino Est, l'agonia.

·A conoscenza di un mio progetto sulla questione dei trasporti navali diretti in Libia e delle enorme perdite subite, l'ammiraglio, mi fece pervenire un appunto che cominciava esprimendo un suo desiderio : "Gradirei, scriveva , se ricordo bene, che fosse sottolineato che la Marina unica tra le Forze Armate, si distinse per la competenza nell'obbedire all'ordine del Re, circa il rispetto delle clausole armistiziali."

Mi guardai bene dall'aderire a tale infame richiesta. E' appena il caso di ricordare che avuta conferma della resa senza sparare un colpo da parte della flotta italiana, il Primo Ministro britannico Winston Churchill esclamò trionfante: "La meravigliosa preda!", o qualcosa del genere, e così manifestare di avere tolto di mezzo un avversario che gli aveva fatto trascorrere molte ore di preoccupazione se non di paura ancora nell'imminenza della publicazione dell'armistizio. Solo gli ammiragli italiani covavano sin da prima della dichiarazione di guerra il progetto di non combattere, predisponendosi alla resa. Avrebbero meritato di essere schierati con la schiena rivolta ad un plutone di esecuzione. Purtroppo, il comandante supremo non aveva gli attributi necessari per sbarazzarsi di quella masnada di vigliacchi e traditori.

Una intensa ricerca sulla pirateria elettronica, ebbe quale movente la cortesia dovuta a una fonte tra le più importanti. Il lavoro risale alla metà degli anni 1990. Ho ritenuto utile inserirlo in questa appendice unicamente per fornire un riferimento operativo.

"Corsari, bucanieri, pirati, più o meno era questa la trafila seguita dagli avventurieri dal XVI al XVIII secolo. L' impiccagione oppure, ma raramente, un titolo di baronetto le probabili alternative finali. Nel Mar dei Caraibi i vascelli erano gli strumenti di attacco, mentre i galeoni, solenni, lenti, maestosi, con le stive colme di oro, argento e di merci altrettanto preziose, gli obiettivi. Oggi i corsari e i pirati usano i calcolatori e i loro obbiettivi sono le informazioni riservate e classificate contenute nei computer e nelle banche dati più protette.

Al momento della presente inchiesta risultava quanto segue: negli Stati Uniti i pirati dei computer provocano ogni anno danni per almeno 7 (sette) mila miliardi di lire. In Francia, nel 1987, le società di assicurazione hanno rimborsato 3(tre) mila miliardi a compagnie vittime di furti di informazioni o di danni provocati delle infiltrazioni fraudolente o da sabotaggi, i cosiddetti "virus".

La pirateria elettronica è una specie di flagello. E' nato un lessico: vandalismo elettronico per indicare le infiltrazioni che sconvolgono i programmi dei calcolatori e, poi, criminalità computerizzata, rischio informatico, furto telematico.

La dipendenza dell'attività economica, nel suo complesso, dalla rete di calcolatori comporta effetti sorprendenti.

Negli Stati Uniti d'America una compagnia di assicurazioni perde qualcosa come 275 mila dollari al giorno se i suoi sistemi informatici si bloccano. In Francia una compagnia aerea ne perde 20 mila al minuto. 30 mila gli incidenti nel 1987, pari a 1.700 miliardi di lire, ma solo perché la rete computerizzata è sensibilmente più modesta.

Si rubano informazioni, si compra no e si vendono informazioni. Un grande supermercato che si intreccia sulle normali reti internazionali delle telecomunicazioni. Strategia, politica, economia, finanza, scienza, materie prime strategiche. Una domanda crescente, un'offerta poderosa, metodologie spregiudicate e piene di fantasia. Come si riesce a infiltrarsi in un computer e a carpirne i segreti?

L'astrofisico statunitense Clifford Stoll ha smascherato recentemente un clamoroso caso di spionaggio elettronico, Alcune spie al servizio del KGB erano riuscite a infiltrarsi, dalla Germania, nelle banche dati computerizzate nord-americane.

Impossibile una stima dei danni: i pirati avevano accesso a documenti top secret. Sulla sicurezza e la difesa statunitensi: installazioni nucleari in Europa. Sistemi difensivi nucleari, chimici, biologici, piani e programmi strategici.

E' POSSIBILE DIFENDERSI?

Lo spionaggio a livello di macro-sistemi è molto avanzato, come pure quello industriale, ancor più che militare. Un obiettivo privilegiato è la mecatronica, il settore della meccanica elettronica. Si vogliono conoscere gli orientamenti delle banche centrali, dei grandi gruppi finanziari, i dati di ricerca e sviluppo dei nuovi programmi e sistemi. Conoscere la tendenza della produzione agricola consente interventi preventivi sui mercati internazionali con speculazioni colossali. Nel grande commercio internazionale è guerra e la stanno vincendo la Germania e il Giappone.

Con una rete di personal computer è possibile influire sulle strategia, sulla politica, sull'economia. Nella seconda parte di questa inchiesta affronteremo altri aspetti di un mondo fatto di codici e soprattutto di talpe, senza le quali difficilmente si potrebbe entrare nel cuore dei computer e dialogare con i microprocessori, trasformando così le informazioni in un potere enorme, praticamente senza confini.

Un nuovo modo di fare spionaggio, quello elettronico. Esistono apparati per captare gli impulsi emessi da un terminale e poi inserirsi nel computer e catturare informazioni, modificare o alterare programmi, cancellare memorie, trasferire fondi da un conto all'altro. Anche se non tutto vien scritto nel computer, anche se le informazioni più riservate possono essere frazionate, è possibile avere indizi, orientamenti, tracce. Se le microspie furono il ritrovato tecnologico degli anni '50, la pirateria elettronica lo è degli anni '80 e lo sarà ancora di più in futuro, anche se si sta correndo ai ripari. I rischi, tuttavia, permangono. lo conferma una fonte della NCR Corporation.

Nei computer si inseriscono dati tecnologici di base, criteri di progetti particolari, argomenti di interesse strategico: minerario, ambientale, dati di ricerca e sviluppo di nuovi sistemi, ad esempio aerei, radar, satelliti, impianti industriali, procedimenti di fabbricazione e ovviamente elementi di interesse strategico e militare. Le spie del KGB probabilmente sono riuscite a carpire le procedure di collegamento tra i sottomarini nucleari e il Pentagono e da qui le posizioni dei battelli con arsenale nucleare, i codici di chiamata, gli identificativi, le frequenze di comunicazione.

Il problema della sicurezza rimane fondamentale.

In Francia si propone come chiave d'accesso al calcolatore, l'utilizzo di una tessera formata da un piccolo computer e ciò per proteggere i conti bancari, per impedire il furto di informazioni che possono incidere all'andamento della Borsa. Altre soluzioni riguardano schermature, sistemi di contro-onde per annullare le intercettazioni e le decodificazioni.

L'insidia maggiore è costituita dalla superficialità sovente sospetta di certi comportamenti degli addetti ai lavori e dalle talpe: si dimenticano accesi i piccoli sistemi, si comunica all'amico o alle segretarie il proprio codice di accesso, si usano tabulati alla rovescia per recuperare carta .

La criminalità e lo spionaggio si aggiornano e sfruttano ogni pista possibile.

Nonostante tutto, l'informatica va avanti con investimenti massicci per la semplice ragione che i vantaggi sono enormemente superiori rispetto ai rischi e ai danni.

Una dichiarazione da valutare con cautela.

Lo spionaggio strategico può fare male e i danni si proiettano come lunghe ombre sul futuro.
Il furto elettronico in Italia rimane impunito. Non esistono leggi al riguardo. >E molti furti non vengono denunciati. Una questione di immagine e di credibilità. Da tempo sono disponibili computer piccoli come un pacchetto di sigarette, che consentono di collegarsi ad una rete telefonica e saccheggiare una banca dati. Alcuni pirati hanno sconvolto gli archivi della NASA, quelli di alcune università americane, la rete di posta elettronica tedesca, le reti finanziarie della City londinese. Venti miliardi è costata una truffa elettronica ai danni dell'INPS.
Poi ci sono gi impiegati infedeli, personaggi a livello medio/alto insoddisfatti, ambiziosi, avidi. E quelli ricattabili o disposto a vendersi al prezzo ritenuto giusto.

Il fattore umano rimane essenziale. La macchina si piega al suo volere. Basta premere il pulsante giusto. E' quello che sovente accade.
Ed è quello che vale.
In molti casi una cifra a nove zeri.

Una autorevole fonte dell'ex KGB ha rilasciato dichiarazioni estremamente interessanti alla televisione tedesco-federale. Secondo lo scienziato gli <Hackers> avevano accesso ai documenti sulla sicurezza nazionale statunitense nel settore nucleare, chimico e biologico, ai programmi, ai budgets, alle analisi, ai piani di emergenza e agli studi concernenti la sicurezza del presidente, il consiglio della sicurezza nazionale e i consiglieri del presidente stesso in materia strategica. In pratica di tutto il vertice degli Stati Uniti.

Forse Washington era nella medesima posizione rispetto al Cremlino.

Lo spionaggio e la criminalità si aggiornano continuamente, con tempestività pari alla fantasia e all'immaginazione. Tuttavia è opportuno ribadirlo, ciò non sarebbe sufficiente a violare un computer ben protetto con il sistema delle scatole cinesi. Se una talpa è collocata al posto giusto (questo il vero problema da risolvere!!) osserva una fonte della NCR- "con una sola manovra può escludere tutti i sistemi di protezione e consentire l'accesso al cuore del sistema". Una <lancia termica> del tutto particolare e tremendamente efficace.

Da un lato, l'eccesso di confidenza (ad esempio il riutilizzo di tabulati <alla rovescia>, per recuperare carta , come detto, o dimenticando accesi i <piccoli sistemi>) e l'orientamento teso a non voler appesantire l'organizzazione con controlli eccessi, dall'altro i comportamenti sospetti. Come già indicato: si comunica a qualcuno il proprio codice di accesso o quello di altri operatori.

Nell'intreccio tra tecnologie e comportamenti sui annidano i pericoli, si scorgono le <finestre> dalle quali si può penetrare negli elaboratori.

Il professor Filippazzi (presidente del Centro Studi della Bull Wordwide Information System, e progettista del primo elaboratore elettronico italiano) sostiene la tesi secondo cui all'origine della pirateria vi è sempre una talpa, agevolata nel suo compito dall'inadeguata applicazione delle norme di sicurezza, ad esempio procedure di riconoscimento più sofisticate e a sbarramenti successivi (parole chiave sostituite più frequentemente, riconoscimento della voce, della scrittura, impronte digitali).

In Francia l'accesso al computer avviene già con l'utilizzo della una carta dotata di microprocessore. La banda magnetica è già preistoria.

La sicurezza è in primo piano sia in fase di progettazione, sia nell'utilizzo dei sistemi, almeno nei settori ad alto rischio: Gli investimenti risultano notevoli, ma ciò non esclude i pericoli, i cosiddetti "computer-crimes".

Una recente inchiesta commissionata dalla CEE, ha condotto ai seguenti risultati: in Europa il livello di sicurezza nel network informatici è globalmente inadeguato. Se il livello della sicurezza non sarà migliorato potrebbero versi <effetti catastrofici> e il sorgere di una "barriera alo sfruttamento dell'informatica", con un freno allo <sviluppo armonico>. Sono necessarie strategie pere migliorare la sicurezza dei sistemi informatici, con un approccio <metodico, organico e conseguente di soluzioni>. I governi devono risolvere il problema della <limitata preparazione dei tecnici, dell'inadeguatezza degli standard e della disordinata normativa della scurezza dei sistemi>.

I Virus

Un tecnico prudentemente celato dietro la riservatezza, ha rivelato una particolare procedura di sabotaggio: in certa operazione l'obiettivo non è   quello di rubare le informazioni, bensì quello di modificarle leggermente, quel tanto necessario a neutralizzarne l'efficacia o la consistenza iniziale, rendendo difficile o ritardandone al massimo l'appuramento dell'infiltrazione o l'entità del danno provocato. Il tecnico definisce un'operazione del genere. Manipolazione, più efficace dei cosiddetti virus.

Che cos'è un VIRUS?

Quelli di prima generazione sono <piccoli programmi nascosti all'interno di altri programmi applicativi che provocano il blocco dell'elaborazione in corso>

Quelli di seconda generazione <dopo aver provocato un primo blocco, determinano successive ore di arresto, in modo casuale, imprevedibile.

Con i virus di terza generazione e con gli elaboratori collegati tra di essi, il danno si propaga come un'onda sismica, provocando la saturazione dei sistemi.

Il tecnico citato, una fonte inesauribile, ha precisato che sono allo studio virus capaci di annientare le memorie centrali non adeguatamente protette. Mentre già ora è possibile captare a distanza tutto quello che appare sullo schermo di un computer in funzione.

Come difendersi?

Secondo Maurizio Mamoli, della Bull Worldwide Information System, la tecnologia dell'informatica fornisce le soluzioni.

La guerra elettronica si vince conformando le metodologie e i comportamenti all'entità del problema, applicando le tecniche protettive correttamente .

Nell'ambito militare gli investimenti sono più consistenti di quanto non si dica, i sistemi e gli apparati realizzati per le Forze Armate, prevedono apparecchiature a bassissime emissione di radiazioni <ottenendo un doppio risultato: impedire l'intercettazione e

l'attacco, perché un computer che emette poche radiazioni non può essere a sua volta irradiato>.

"Per i sistemi civili – aggiunge il dottor Mamoli- sono già disponibili speciali custodie stagne e protezioni applicabili alle pareti, ai vetri, ai muri sterni degli edifici". La fonte ribadisce: "Nel grande commercio internazionale è guerra e la stanno vincendo la Germania e il Giappone. Nella mecatronica (la meccanica dell'elettronica) lo spionaggio è frenetico. Si lucrano miliardi esentasse. La protezione produce sicurezza quanto è la somma dei fattori tecnici e umani sono correttamente applicati".

L'aspetto determinante rimane il fattore umano. Se è vero che impiegando metodologie sofisticate, elaboratori molto avanzati, corredati da tecnici ad alto livello, è possibile penetrare in un computer, entro un tempo indeterminabile, è altrettanto vero che la procedura usuale è quella di trovare una falla, una breccia nel personale o addirittura crearla, collocandola poi nell'apparato da penetrare.

La tecnologia è neutrale. Bisogna vedere come la si usa.

I casi di spionaggio elettronico suggeriscono alcune domande sulla vulnerabilità dell'Occidente.

La stampa europea non ha eluso il problema: l'Occidente è più avanzato nell'impiego dell'informatica rispetto all'Oriente europeo, dove il ritardo nell'uso dei computer comporta la collocazione delle informazioni riservate e classificate in luoghi tradizionali (casseforti) piuttosto che negli elaboratori, destinati ai calcoli e alle procedure, piuttosto che alla comunicazione e alla trasmissione dei dati e alla funzione di banche computerizzate.

Dal 1985, scrive un giornale francese, il KGB ha messo a punto una nuova tattica d'infiltrazione: l'approccio nei confronti di giovani specializzati nell'informatica, ai quali offre della droga o il denaro per acquistarla, in cambio di informazioni inizialmente a basso livello.

Il lato diabolico risiede nell'ingranaggio infernale nel quale si viene trascinati: pressioni, minacce, ricatti. In tal modo, prosegue il giornale, le vittime sono costretta a passare intere notti davanti al personal computer: I "corrispondenti dell'Est" esigono informazioni sempre più importanti e di natura strategica.

Per il momento, osserva un altro quotidiano, non esiste alcun modo sicuro, al cento per cento, per impedire l'effrazione informatica. Nessun dubbio che le spie dell'est abbiano trovato il modo di procurarsi informazioni di prima mano con il minimo rischio. Gli specialisti del settore si attendono un aumento della pirateria elettronica, proporzionale all'incremento dell'installazione degli elaboratori.

Lo spionaggio è un'area al di fuori della nuova linea politica sovietica.

Un'inchiesta ,condotta negli Stati Uniti d'America, dalla NASA, avrebbe accertato che su centomila addetti alla gestione dei computer statunitensi militari, meno di dieci sarebbero considerati a rischio. E si tratta di esperti al alto livello, in posizioni chiave e proprio per questo obiettivi privilegiati dello spionaggio. In Europa solo l'11% delle grandi aziende affronta in termini adeguati il problema. In maggioranza Istituti di Credito. Le industria non valutano adeguatamente la questione sicurezza. Lo rivela un'indagine della CEE.

Tuttavia il mito dell'informatica non vacilla. I vantaggi, si ripete-lo affermano gli esperti: sono enormemente superiori ai rischi e nei calcolatori non sono inseriti i segreti vitali. Eppure, in controtendenza, l'astrofisico americano Clifford Stoll ha smascherato le spie elettroniche al servizio del KGB.

Ora è indispensabile dare spazio e fiato alla memoria, alla solitudine, al silenzio agghiacciante dell'isolamento totale.

La confessione vera, quella che l'uomo può fare esclusivamente con se stesso, senza testimoni e senza infingimenti, mormora parole criptate, incomprensibili; e il vuoto che esse lasciano è riempito dal tentativo di coglierne l'eco, di afferrarne la chiave. Il messaggio è chiarissimo: il tempo sta cancellando tutto un mondo vissuto e ti lascia stordito, annichilito, quasi disperato, solo spento e povero di immagini di ciò che fu e la tua ombra vaga, disordinatamente, inseguendo un sogno: la verità, avvolta dai profili evanescenti di un rimpianto doloroso, ma al tempo stesso crudelmente autentico,spietato nella sua durezza e nella sua velenosa intimità, in cui si dissolve, misteriosamente, anche l'autore.

INDICE

PUBBLICAZIONI DEL AUTORE

1. "La guerra psicologica" , Ed. Ciarrapico, 1986
2. "La carrozza d'oro" , Ed. Bariletti, 1989
3. "Obiettivo Mediterraneo , Ed. Reverdito, 1989
4. "Generali nella polvere", Ed. Reverdito, 1989
5. "NATO : il futuro" , Ed. Ciarrapico, 1990
6. "NATO : the Future" , Ed. Ciarrapico, 1990
7. "Andreotti e l'estero" , Ed. Steti. 1991
8. "Nuovo modello di difesa – Fine di un esercito?", Ed. Ciarrapico, 1991
9. "Operazione Anemone" , Ed. Mondadori, 1995
10. "La fabbrica della sconfitta", Ed. Settimo Sigillo, 1997
11. "Una patria venduta", Ed. Settimo Sigillo, 1999
12. "Il segreto del pellicano blu", Ed. Settimo Sigillo, 2000
13. "Generali nella polvere", Ed. Settimo Sigillo, 2001
14. "Clandestino in RAI" , Ed. Settimo Sigillo, 2003
15. "Enduring Freedom", Rivista Marittima, 2003
16. "8 settembre 1943: il tradimento!" , Ed. Greco&Greco, 2005
17. "Bombardieri Caproni", Ed. Settimo Sigillo, 2006
18. "La guerra dei radar" , Ed. Greco&Greco, 2007
19. "La vittoria tradita", Ed. Settimo Sigillo, 2008
20. "Il principe con le ali – Fulco Ruffo di Calabria", Ed. Macchione, 2009
21. "Assassinio nelle fortezze dell'imperatore" , Ed. Greco&Greco, 2009
22. "Morte in una villa stile Liberty", Ed. Greco&Greco, 2009
23. "Meraviglie sotto il suolo d'Italia", Ed. Macchione, 2010
24. " I condottieri della disfatta" , Ed. Settimo Sigillo, 2010
25. "<Quelli> della Uno Bianca" , Ed. Greco&Greco, 2011
26. "Gli eroi di Bligny", Ed. Greco&Greco, 2012
27. "Inviata in prima linea contro i clandestini", Ed. Amazon, 2012

28. "Come e perché si perde una guerra", Ed. Amazon, 2012

29. "Laura C.", Ed. Amazon, 2012

30. "Un bisbiglio discreto, tra vero e surreale", Ed. Amazon, 2012

31. "I due Mussolini – Condottiero e uomo di Governo", Ed Amazon, 2012

32. "1935-1943, la fabbrica della sconfitta", Ed. Amazon, 2012

33. "Il massacro di Matapan", Ed. Amazon, 2013

34. "Spigolature di guerra", Ed. Amazon, 2013

35. "Shalom Fanny", Ed. Amazon, 2013

Made in the USA
Lexington, KY
28 February 2019